M.

Ma' Bili'n Bwrw'r Bronco

Douglas Maxwell

Addasiad Cymraeg
Jeremi Cockram

Gomer

Hoffai Gwasg Gomer ddiolch yn fawr i Adrannau Cymraeg
yr ysgolion canlynol am eu cymorth parod wrth baratoi'r
ddrama ar gyfer y wasg:

Ysgol Botwnnog, Botwnnog
Ysgol Gyfun Gymraeg Bro Myrddin, Caerfyrddin
Ysgol Morgan Llwyd, Wrecsam
Ysgol Gyfun Gymraeg Plasmawr, Caerdydd
Ysgol Uwchradd Aberteifi, Aberteifi.

Cyhoeddwyd yn 2013 gan
Wasg Gomer, Llandysul, Ceredigion SA44 4JL
www.gomer.co.uk

ISBN 978 1 84851 499 7

Hawlfraint © Douglas Maxwell, 2013 ⓗ
Hawlfraint © addasiad Cymraeg: Jeremi Cockram, 2013 ⓗ

Mae Douglas Maxwell wedi datgan ei hawl dan
Ddeddf Hawlfreintiau, Dyluniadau a Phatentau 1988
i gael ei gydnabod fel awdur y llyfr hwn.

Cyn defnyddio'r trosiad hwn i bwrpas perfformio,
darlledu, neu deledu, rhaid cael caniatâd y cyhoeddwyr.
Am y telerau, ymofynner â Gwasg Gomer.

Cedwir pob hawl. Ni chaniateir atgynhyrchu unrhyw
ran o'r cyhoeddiad hwn na'i gadw mewn system
adferadwy, na'i drosglwyddo mewn unrhyw ddull,
na thrwy unrhyw gyfrwng, electronig, electrostatig,
tâp magnetig, mecanyddol, ffotogopïo, recordio, nac
fel arall, heb ganiatâd ymlaen llaw gan y cyhoeddwyr.

Cyhoeddwyd gyda chefnogaeth Llywodraeth Cymru.

Argraffwyd a rhwymwyd yng Nghymru
gan Wasg Gomer, Llandysul, Ceredigion.

CYFLWYNIAD

Lleolwyd *Ma' Bili'n Bwrw'r Bronco* yng Nghwm Tawe. Drama yw hi sy'n mynd i'r afael â phlentyndod a'r daith gythryblus tuag at ddod yn oedolyn. Fel rhywun a aned ym Merthyr Tudful ac a faged yng Nghymru, tasg hawdd oedd dod â 'mhrofiadau fy hun i'r cynhyrchiad hwn.

Mae'r ddrama'n fy atgoffa i o wyliau'r haf mewn amser a fu, lle roedd plant allan drwy'r dydd yn chwarae – gyda brodyr a chwiorydd hŷn a ffrindiau gan mwyaf – mewn gang mawr. Felly, roedd bod mewn ystafell ymarfer gydag wyth o ddynion ifanc yn portreadu plant yn chwarae o gwmpas yn teimlo fel camu 'nôl mewn amser. Dyma yw cryfder y ddrama hon – rydyn ni i gyd wedi adnabod cymeriadau fel y rhain o'n plentyndod ni, ym mha gyfnod bynnag oedd hynny.

Pe bai'n rhaid i fi grynhoi'r cynnwys y ddrama mewn dau air, yna '*rollercoaster* emosiynol' fyddai'r ddau air hynny. Ysgrifennwyd y sgript wreiddiol gan Douglas Maxwell yn Saesneg – wel, a bod yn gwbl onest, fe'i hysgrifennwyd yn iaith Glasgow – a chafodd ei haddasu i'r Gymraeg ac i dafodiaith Cwm Tawe. Er i'r ddrama lynu'n agos iawn at y gwreiddiol, roedd rhai cyfeiriadau wedi cael eu newid; er enghraifft, newidiwyd y rhaglen *Matt Houston* i fod yn *Magnum PI* – am fod rhaglen *Magnum PI* yn fwy adnabyddus i blant Cymru o gyfnod yr wythdegau – ond manion yw'r rhain a heblaw am hynny arhosodd y ddrama'n driw i'r gwreiddiol.

Yn rhedeg o dan wyneb y stori hwyliog hon am bum bachgen yn tyfu i fyny gyda'i gilydd, y mae rhai themâu difrifol iawn. Oherwydd hynny, roedd cydbwyso'r hiwmor gyda chanlyniadau trasig y diwrnod sy'n digwydd yn y ddrama yn rhywbeth cywrain a manwl i'w gyflawni. Mae'r stori'n eich cario gyda'i llif, a gallwch uniaethu'n syth gyda'r sgwrs ffwrdd-â-hi sy'n digwydd rhwng y bechgyn. Mae eu ffordd o siarad yn gyfarwydd i ni, ond y tu ôl i hynny rydych yn ymwybodol bod rhywbeth annifyr a chythryblus yn llechu – ac fel y plant yn y stori rydych yn gobeithio'n daer nad oes unrhyw beth ofnadwy ar fin digwydd. Ond mae'r diweddglo'n anochel a dyna beth sy'n torri calon dyn.

Yn olaf, hoffwn ddatgan yma nad ydw i wedi rhoi cynnig ar fwrw Bronco – ddim hyd yn oed unwaith!

Geinor Styles
Cyfarwyddwr Artistig Theatr na nÓg

Perfformiwyd *Ma' Bili'n Bwrw'r Bronco* gyntaf fel cydgynhyrchiad rhwng Canolfan Mileniwm Cymru a Theatr na nÓg yn 2012

Rhestr o'r cast gwreiddiol:

RHYS	Siôn Ifan
ALED YN IFANC	Rhys Downing
ALED YN HŶN	Gareth John Bale
JASON YN IFANC	Chris Kinahan
JASON YN HŶN	Osian Rhys
BIANCHI YN IFANC	Iestyn Arwel
BIANCHI YN HŶN	Dafydd Rhys Evans
BILI	Carwyn Jones

CYFARWYDDWR A CHYFARWYDDWR ARTISTIG THEATR NA NÓG: Geinor Styles
AWDUR: Douglas Maxwell
CYFIEITHIAD AC ADDASIAD: Jeremi Cockram
CYNHYRCHYDD: Gareth Lloyd Roberts
CYNHYRCHYDD CYSYLLTIOL: Simon Coates
CYFANSODDWR: Jak Poore
CYFARWYDDWR SYMUD: Phil Williams
ACROBATEG: Lee Tinnion
HYFFORDDWR LLAIS: Emma Stevens-Johnson
HYFFORDDWR TAFODIAITH: Phylip Harries
CYFARWYDDWR YMLADD: Kevin McCurdy
RHEOLWR Y CYNHYRCHIAD: Jen Payne
RHEOLWR LLWYFAN: Huw Darch
TECHNEGYDD SAIN: Heddwyn Davies
CYNLLUN GWISGOEDD: Sian Jenkins
GORUCHWYLIWR GWISGOEDD: Angharad Spencer
MEISTR Y GWISGOEDD: Dan Thatcher
UWCHDEITLO: Simon Rees
FFOTOGRAFFIAETH: Farrows Creative

GOLWG O'R OCHR O BRONCO

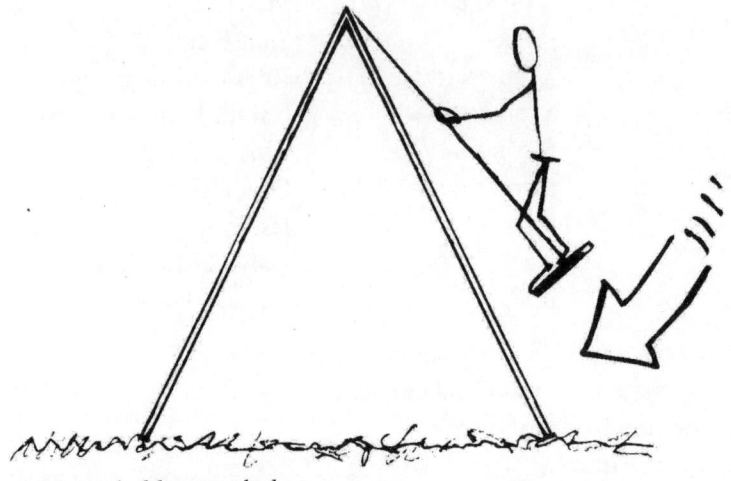

1. Magwch ddigon o sbîd...

2. Rhowch eich troed y tu ôl i'r siglen...

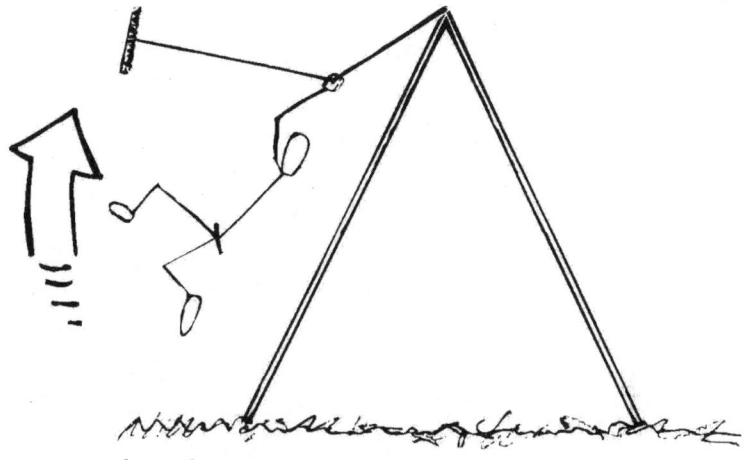

3. Tynnwch y cadwyni, pwyswch 'nôl a chiciwch y siglen dros eich pen…

4. Daliwch i symud ymlaen! Bydd y siglen yn saethu dros y bar.

Y CYMERIADAU

Mae cast wyth actor ar gyfer y ddrama hon

RHYS
: Y traethydd, caiff yr actor ei weld fel oedolyn yn y ddrama. Mae'n ymuno yng ngêmau'r plant fel bachgen ifanc yn ogystal.

ALED YN IFANC
: Cefnder Rhys. Yn hen cyn ei amser, ac yn eiddigeddus o'r holl ffrindiau sydd gan Rhys.

JASON YN IFANC
: Bachgen tanllyd sy'n hoff o siarad â'i ddyrnau. Ffrind mynwesol i Bili a'i bartner bocsio.

BIANCHI YN IFANC
: Bachgen hynod boblogaidd sy'n rhagori mewn pob math o chwaraeon. Mae pawb yn ei edmygu.

BILI
: Bachgen bychan iawn. Dydy e ddim y fachgen clyfraf erioed, ond mae'n gyfeillgar ac yn awyddus i blesio.

Chwaraeir rhannau Aled, Jason a Bianchi fel oedolion gan dri actor gwahanol – nid ydynt yn dweud unrhyw beth ac mae eu hymddygiad yn cyfleu mai oedolion ydynt. Bydd y plant a'r oedolion yn plethu drwy ei gilydd yn achlysurol.

ACT 1

Bore dydd Sadwrn

[GOLAU'N CODI'N RADDOL Y TU ÔL I'R SIGLENNI. MAEN NHW MEWN LLE AMLWG YNG NGHANOL Y LLWYFAN, AC WRTH EU GWELD NHW MEWN CYSGODLUN FEL HYN, MAENT YN EDRYCH YN UNION FEL PRY COPYN MAWR PIGOG NEU GREADUR O BLANED ARALL. MAE'R SIGLENNI'N HONGIAN YN FYR. MAE RHYWUN WEDI MYND I'R DRAFFERTH O'U TAFLU NHW DROS Y BAR GYNIFER O WEITHIAU FEL BOD HI'N AMHOSIB EU CYRRAEDD O'R LLAWR – ONI BAI EICH BOD CHI'N GAWR NEU'N OEDOLYN, WRTH GWRS. MAE SIÂP PEDWAR OEDOLYN YN YMDDANGOS Y TU ÔL I'R SIGLENNI. MAEN NHW HEFYD MEWN CYSGODLUN, AC YN EDRYCH FEL FFOADURIAID SYDD NEWYDD GYRRAEDD ADRE AR ÔL CAEL EU CIPIO GAN LONG OFOD. CERDDORIAETH. MAEN NHW'N RHEDEG TUAG AT Y SIGLENNI, YN CYDIO YNDDYN NHW A'U DATOD. YR OEDOLION YW JASON, ALED, BIANCHI A RHYS. MAE JASON YN GWISGO *OVERALL* LAS, MAE GAN ALED DEI A BATHODYN Â'I ENW ARNO, AC MAE BIANCHI'N GWISGO SIACED LEDR A BANDANA LLIWGAR AM EI BEN. GALL RHYS WISGO BETH BYNNAG MAE E'N DDEWIS. MAEN NHW'N SWNLLYD WRTH DROELLI O GWMPAS Y POLION, GAN SIGLO AR Y BAR A DADRWYMO'R SIGLENNI O'U CLYMAU CAM GAN DDILYN CURIAD Y GERDDORIAETH. UNWAITH MAE'R SIGLENNI'N RHYDD, MAE'R OEDOLION YN GADAEL Y LLWYFAN.

DAW RHYS YMLAEN. MAE'N EISTEDD AR Y SIGLEN AM YCHYDIG AC YNA'N ANNERCH Y GYNULLEIDFA MEWN DULL ANFFURFIOL A CHYFEILLGAR.]

RHYS: O'n i arfer byw lawr fan'na. Y trydydd tŷ bach gwyn ar y dde. Mae'r tai i gyd yn y rhan 'ma o'r stad yn wynebu'r bancyn, ac oedd y *swings* yn sefyll ar ei ben e. Mae e fel tasen nhw wedi bod 'ma ers canrifoedd nes i rywun weud, 'Chi'n gwbo' beth? Gan bod y *swings* 'ma'n barod, man a man i ni godi tai o'u cwmpas nhw hefyd. Wedyn 'ny, os oes byth argyfwng, alle pobol ddishgwl mas o'u ffenestri, gweld y *swings*, a bydde popeth yn olreit.' A 'co nhw, hyd heddi, yn gofeb i'r holl rowndabowts a fframiau dringo dewr roiodd eu bywydau droson ni ar faes brwydr parc Lôn-y-Celyn, ymhell cyn i chi na fi gael ein geni.

Gynta i gyd o'n i'n byw yn y fflats draw fanna, ond pan o'n i'n flwydd oed, 'nath Mam a Dad gyfnewid gyda phobol y tŷ bach gwyn, a symud ar draws y rhewl. O'n i'n meddwl ar y dechre bod nhw 'di swopo'r fflat am fabi, achos cyrhaeddodd merch fach, fel mae'n digwydd, jyst ar ôl i ni symud mewn i'r tŷ newydd. O'n ni'n byw fan hyn nes bo' fi'n un ar ddeg, pan gath Dad bromoshyn, ac ethon ni i fyw mewn tŷ mwy o seis, tua pum munud bant. Smo nhw hyd yn o'd yn byw yn y pentre 'ma rhagor. Na fi chwaith. Paid cael fi'n *wrong*, roedd Lôn-y-Celyn yn stad o dai cyngor bach neis – neu, o leia, fel'na oedd e'n teimlo ar y pryd. Roedd e'n brysur, ac yn lân, ond oedd e'n llawn plant bach brwnt: pob un â chleisie ar eu coese a *snot* yn eu trwyne. Cannoedd o'r jiawled bach – gan gynnwys fi, wrth gwrs – yn rhuthro drwy'r gerddi a'r parcie ar feics a go-carts – yn trio torri record y byd am y gêm fwya eriod o *British an' Germans*. Roedd mwy o bobol yn whare *British an' Germans* bryd hynny na fuodd yn ymladd yn yr Ail Ryfel Byd.

Ond erbyn haf '83, o'n ni wedi tyfu mas o'r gême rhyfel, a symud 'mlan . . . i fandalieth. Wel, ddim yn gwmws, ond fel'na oedd e'n dishgwl i'r fyddin o famau cwynfanllyd oedd yn wotsho'r parc am yr arwyddion cynta o ddiwedd gwareiddiad. Ond erbyn hynny, o'n ni wedi dysgu shwd i fwrw Broncos. 'Co beth yw Bronco . . .

[DAW'R OEDOLION YMLAEN O GEFN Y LLWYFAN, GAN REDEG A GAFAEL YN Y SIGLENNI A'U GWTHIO NHW'N UWCH. MAE RHYS YN SIARAD Â'R GYNULLEIDFA, WRTH I'R BECHGYN SEFYLL AR Y SIGLENNI A SIGLO.]

RHYS: Gwthio, yn uwch, rhoi troed tu ôl i'r *swing*, a BANG!

[PAWB YN GWNEUD BRONCO, SEF SEFYLL AR Y SIGLENNI A'U SIGLO 'NÔL A MLAEN HYD NES EU BOD NHW'N DDIGON UCHEL I NEIDIO I FFWRDD A'R SIGLENNI'N HEDFAN DROS Y BAR Â CHLEC UCHEL A'U RHWYMO'U HUNAIN O GWMPAS Y BAR. MAE'R DYNION YN GLANIO AR Y LLAWR AC YN MYND YN ÔL UNWAITH ETO ER MWYN AILOSOD Y SIGLENNI YN EU SAFLE GWREIDDIOL.]

RHYS: Gwthio, yn uwch [CRASH] BANG! Duw a ŵyr pwy feddyliodd am y fath beth, a falle taw fandaliaeth oedd e ar y dechre, ond cyn pen dim, hon oedd y gêm yr haf hwnnw i lenwi'r oriau gwag rhwng ffwtbol, rygbi a *Star Wars*. Sa i'n cofio'n iawn shwd ddath e'n rhan mor bwysig o'n bywydau ni chwaith, ond dyna beth ddigwyddodd. Pawb yn cwrdd am hanner awr wedi naw – fi oedd yma gynta bob bore, gan mod i'n byw mor agos. Tynnu'r *swings* i lawr oddi ar y bar, lle bydde'r bois Special Brew wedi'u towlu nhw'n feddw'r noson cynt. Y gwlith yn sgleinio fel arian byw ar y seti rwber du, a'r cadwyni'n glymau garw fydde'n bownd o racso'ch dwylo erbyn diwedd y dydd. Nesa i gyrraedd oedd 'y nghefnder, Aled.

[ALED YN RHUTHRO I'R LLWYFAN AR GEFN BEIC RASIO. ONI NODIR YN WAHANOL, Y FERSIWN 'IFANC' YW'R CYMERIADAU, YN HYTRACH NA'U CYSGODION HŶN, MUD. MAE ALED YN NEIDIO'N WYLLT ODDI AR Y BEIC CYN GADAEL IDDO DROELLI YN EI FLAEN A SGRIALU I'R LLAWR. MAE ALED YN GWASGU BOTWM AR EI WATSH DDIGIDOL FEL PETAI'N AMSERU'I HUNAN. MAE'N AMLWG NAD YW'N HAPUS.]

ALED: O! *No way*! Na, na, na! Sa i'n credu'r peth. Munud dros y record! Newidodd y goleuade traffig ac o'n i'n gorffod mynd ar draws y pafin – ond o'dd 'na hen fenyw fach stiwpid reit yng nghanol y ffordd. Ody Bianchi'n dod heddi?

RHYS: [WRTH Y GYNULLEIDFA] Roedd Aled yn dod lan o rywle ar bwys Ponty bob blwyddyn i aros da'n fam-gu. Am ryw reswm, oedd e'n trio cyrraedd y parc mor glou â phosib. Gorffod mynd 'nôl wedyn i dŷ Mam-gu erbyn pump, ar y dot, i ga'l te – neu fydde hi'n ei ladd e medde

ACT 1

fe – felly oedd e'n trial aros tan yr eiliad ola cyn gadael. Dyna lle'r oedd e, yn ishte ar ei feic tan yn union bedair munud, tri deg pedair eiliad i bump – a BŴM! Bant â fe, fel bollt, yn gadael dim byd ar ei ôl ond cwmwl o ddwst a *skidmarks*. O'n i'n meddwl weithie shwd olwg oedd arno fe, yn bomo lawr y rhewl – hanner can milltir yr awr, yn gwibio mewn a mas trwy bobol oedd heb 'run syniad beth oedd yn mynd 'mlan.

ALED: Be welest ti ar teli nithwr?

RHYS: [MAE'N SIARAD GYDAG ALED A'R LLEILL FEL PETAI E'R UN OEDRAN Â NHW] *Magnum PI* . . . *Epic*.

ALED: *Epic* . . . Welest ti *Dynasty*?

RHYS: Nah.

ALED: Pam?

RHYS: Sa i'n gwbod . . . Mae e'n rybish eniwei.

ALED: Smo ti'n ca'l aros lan.

RHYS: Odw!

ALED: Nagyt.

RHYS: Odw.

ALED: Nagyt ddim. Smo ti'n cael aros lan rhag ofon i ti ddechre llefen a g'lychu'r gwely.

RHYS: Smo fi yn, reit! Ca' dy ben, Aled.

ALED: Bw-hw-hwwww. Dere â cwtsh i fi, Mami, ma' 'nghewyn i'n llawn!

MA' BILI'N BWRW'R BRONCO

RHYS: Cau hi, 'nei di? Sa i'n g'lychu... [WRTH Y GYNULLEIDFA]
'Chweld? Mae hwn yn *typical*. Ma' Aled yn olreit nawr,
ond pan oedd e'n fach, roedd e'n weindo fi lan gyment.
A jyst i fod yn glir, sa i erio'd wedi glychu'r gwely – pidwch
gwrando arno fe.

ALED: Wimp!

[MAE'R ALED IFANC YN GWTHIO'I HUN I FYND YN UWCH
AR Y SIGLEN A DAW ALED YR OEDOLYN, YN GWISGO TEI
A BATHODYN ENW, I ROLIO AR Y LLAWR O DAN Y SIGLEN.
DYDY'R ALED IFANC DDIM YN GWELD ALED YR OEDOLYN.
MAE ALED YR OEDOLYN YN SEFYLL WRTH EI YMYL, GAN
OSGOI'R ALED IFANC YN YSTOD YR ARAITH.]

RHYS: Nagyw e'n rhyfedd shwd ma' pobol yn troi mas? Ma'
Aled yn gwbwl wahanol nawr. Er syndod i bawb – gan
gynnwys fi – droiodd e mas i fod yn fachan golygus. Roedd
blynyddoedd 'i lencyndod e'n baradwys, gyda'r merched i
gyd yn dwlu arno fe. Y jiawl lwcus! Ni'n dod 'mlan yn grêt
nawr. Cwrdd i weld y rygbi, neu gael ambell beint ar nos
Wener. Ni'n bytis. Ond smo ni'n trafod hyn. Ni byth yn
siarad am beth wy'n mynd i weud wrthoch chi nawr. Smo
ni moyn... ei feddiannu fe, falle. Smo ni moyn ei siapo fe,
smo ni moyn ei berchnogi fe na rhoi ystyr i'r peth. Achos
dyna beth sy'n digwydd pan ma' rhywun yn dishgwl
yn ôl – chi'n rhoi ffrâm aeddfed o gwmpas popeth, ac yn
gweld patrwm nad oedd, mewn gwirionedd yn bod.

[SGRECH ERCHYLL ODDI AR Y LLWYFAN GAN BILI. MAE'N

ACT 1

[DOD I'R GOLWG, GAN REDEG MEWN A MAS RHWNG Y POLION A'R CADWYNI FEL PETAE'N FFOI ODDI WRTH RYWUN NEU RYWBETH. WRTH I BILI FYND HEIBIO, MAE ALED YN ANELU CIC ATO FE, OND YN METHU. BACHGEN BACH YW BILI, A DYDY E DDIM MOR ALLUOG Â GWEDDILL BOIS Y PARC.]

RHYS: Bili!

BILI: Fi'n *dead*!

ALED: Fyddi di hefyd os nagyt ti'n shiffto.

BILI: Na. Ma' Jason'n mynd i ladd fi 'da rhaff, 'chos bo fi 'di safio'i fywyd e ar y *climbing frame*.

RHYS: Pam bod e mynd i dy ladd di am achub 'i fywyd e?

BILI: O'dd e'n ishte ar y top, reit? Ddringes i lan 'na a wedes i, 'Sêf ewer laiff', a pwsho fe bant.

RHYS: Reit. Wy'n gweld.

BILI: Ta beth, ma'r rhaff hyn gyda fe, a ma' fe'n mynd i . . .

[MAE BILI'N SGRECHIAN ETO AC YN PWYNTIO I RYWLE ODDI AR Y LLWYFAN. DAW JASON YMLAEN YN ARAF GAN CHWIFIO RHAFF BYSGOTA ENFAWR YN YR AWYR UWCH EI BEN FEL LASŴ. MAE YNA GWLWM AR BEN Y RHAFF SYDD BRON MOR FAWR Â JASON EI HUN. MAE BILI'N REDEG ODDI AR Y LLWYFAN I'R CYFEIRIAD ARALL.]

JASON: Bili!!! Bili wy'n mynd i ladd ti 'da hwn. [YN RHEDEG AR EI ÔL] *Now I am the Master*, ha ha ha!!!!!

RHYS: [WRTH Y GYNULLEIDFA] Falle dylen i egluro. Oedd Bili
a Jason yn byw drws nesa i'w gilydd, ac yn ffrindie gore.
O'n nhw wastad gyda'i gilydd, a rownd tai ei gilydd, ond –
ac alla i ddim pwysleisio hyn yn ormod – o'n nhw wastad
yn ymladd. Wastad. Nage jyst coethan fel Aled a fi – na,
o'n nhw'n wado'i gilydd yn ddidrugaredd drwy'r dydd,
bob dydd, am ddiwrnode cyfan, wthnose weithie. Doedd
neb cweit yn siŵr pam yn union o'n nhw'n ymladd – ac
o'n nhw ond yn stopyd i fyta neu gysgu – ond bob bore
bydde Bili'n galw am Jason, ac yn neidio ar ei ben e o'r
eiliad atebe fe'r drws. Sdim ots faint o'r gloch oedd hi, os
o't ti'n edrych drwy'r ffenest, dyna lle'r o'n nhw, ar ben y
bancyn, yn reslo'i gilydd fel dou *epileptic Siamese twin*.

[JASON A BILI'N RHEDEG YMLAEN I'R LLWYFAN ETO, JASON YN
DAL I CHWIFIO'R RHAFF. DAW JASON YR OEDOLYN YMLAEN
I DDAWNSIO O GWMPAS Y SIGLEN, FEL Y GWNAETH I ALED
YR OEDOLYN YCHYDIG YN ÔL, OND MEWN FFORDD MWY
BYRBWYLL A PHERYGLUS. MAE'N NEIDIO AR SIGLEN AC YN
BWRW'R BRONCO, YNA'N TROELLI A PHWNIO'R AWYR, CYN
GADAEL YN ANFODLON.]

RHYS: [WRTH Y GYNULLEIDFA] Y peth diwetha glywes i am
Jason oedd ei fod e'n fecanic, ond sa i'n hollol siŵr am
hynny chwaith. Alle fe fod yn y fyddin, falle, neu yn
y jael – pwy a ŵyr? Roedd e'n un o'r bois bach tenau,
eiddil 'na drodd yn ddyn mawr dros nos. A'th e'n anferth.
Stopodd e weud helo wrtha i ar y stryd hefyd, gan lynu
at god cyfrin y *teenager* o wahaniaethu rhwng pwy sy'n

'olreit' a phwy sy ddim. Ma' hwnna'n stopo pan chi'n dechre mynd i'r dafarn. Chi'n 'olreit' eto wedi 'ny – fel tasen nhw wedi hala'r tair blynedd dwetha'n byw mewn gwlad bell. Ac mewn ffordd, ma' nhw wedi. Tair blynedd o witho bant mewn gwlad o'r enw 'Caled'. Ond ma' 'na flynydde i fynd cyn hynny.

[JASON YN DOD YN ÔL I'R LLWYFAN, WEDI CAEL BRAW. MAE E WEDI COLLI'R RHAFF YN Y CYFAMSER. BILI'N BRASGAMU I'R LLWYFAN GAN CHWIFIO'R BWYSTFIL RHAFF Â BALCHDER, OND Â CHRYN ANHAWSTER. MAE'N CHWERTHIN FEL DIHIRYN MEWN CARTŴN.]

BILI: Now *I* am the master!!

JASON: Sa i'n jocan. Os ti'n bwrw fi 'da hwnna, wy'n mynd i ffindo dryll a lladd ti pan ti'n cysgu.

BILI: *I am the master!*

JASON: Fydda i'n grasso ti lan.

BILI: Gwed 'I am the master'.

JASON: *I am the master.*

BILI: Na, gwed '*I* am the master'.

JASON: *I am the master.*

BILI: Reit. *Yewer dead.*

[MAE JASON YN RHEDEG AC YN GAFAEL YN Y BEIC SYDD GAN ALED, YNA'N EI DDAL UWCH EI BEN.]

ALED: Ho! [MAE'N NEIDIO ODDI AR Y SIGLEN, YN CODI CARREG AC YN EI HANELU AT BEN JASON] Gad y beic 'na i fod, y mwnci bach.

JASON: Gwed wrtho fe i dropo'r rhaff te.

RHYS: Rho'r rhaff 'na lawr.

BILI: Twpsyn! [YN LLAI SICR] *I am the master*.

[Y BECHGYN MEWN *MEXICAN STAND-OFF*. JASON YN SGRECHIAN AC YN TAFLU'R BEIC AT BILI. MAE ALED YN TAFLU'R GARREG, A JASON YN BWRW'R LLAWR. MAE ALED YN RHEDEG AT Y BEIC ER MWYN GWELD A OES UNRHYW DDIFROD WEDI'I WNEUD IDDO. RHYS YN MYND AT BILI.]

JASON: 'Nest ti glatsho pen fi 'da'r garreg 'na.

ALED: [GAN SGRECHIAN] Os ti wedi torri'r *speedometer*, fi'n mynd i alw'r heddlu!

RHYS: Bois. Ma' Bili 'di marw!

[BILI YN GORWEDD YN LLONYDD O DAN Y BEIC.]

JASON: Nage fi 'nath.

ALED: Ie . . . Weles i ti.

JASON: Dy feic di yw e.

ALED: *So*? Ti daflodd e.

JASON: *No way*.

ACT 1

[JASON YN RHEDEG ODDI AR Y LLWYFAN. BILI'N CYMRYD HYN FEL ARWYDD I NEIDIO 'NÔL AR EI DRAED. MAE'N GAFAEL YN Y RHAFF AC YN RHEDEG AR ÔL JASON GAN CHWERTHIN.]

BILI: *I am the master*!

RHYS: Ody'r beic wedi torri?

ALED: Nagyw, ond alle fe fod wedi neud, yn rhwydd. [SAIB] Wy'n eu casáu nhw.

RHYS: Pwy? Bili a Jason?

ALED: Ie. Dylet ti ddim boddran gyda bois bach fel'na.

RHYS: Ma' Bili'r un oedran â fi. A ma' Jason yn olreit.

ALED: Ma' nhw dair blynedd yn ifancach na fi. Wy'n mynd i'r ysgol fowr flwyddyn nesa. Fydda i ddim yn boddran gyda bois bach fel 'na wedyn.

RHYS: [DAN EI ANADL] Cer i whilo am ffrindie dy hunan 'te.

ALED: [YN GWEIDDI] Beth?

RHYS: Dim. Jyst, os y't ti'n 'u casáu nhw gyment â hynny, paid dod draw 'ma bob haf.

ALED: Tyfa lan, 'nei di.

[BILI A JASON YN CERDDED 'NÔL AR Y LLWYFAN, Y DDAU'N DDIGALON WRTH IDDYN NHW BWNIO BREICHIAU EI GILYDD AM YN AIL. DYW'R RHAFF DDIM GANDDYN NHW.]

ALED: Dorrest ti'n *speedometer* i.

JASON: Pwy?

ALED: Ti.

RHYS: Ble ma'r rhaff 'te?

JASON: [YN BRYDERUS] All Dad fficso fe – ma' fe'n *inventor*.

ALED: Mae'n olreit, fe wna i fe'n hunan.

RHYS: Ble ma'r rhaff?

BILI: Nath y bois mowr 'ma 'i ddwgyd e.

RHYS: Pa fois?

BILI: Brawd mawr Bianchi – y criw 'na.

JASON: Dwgyd e oddi arnat ti, ife? Ti'n gwbod pam? Achos ti'n rhy fach, 'na pam. Fysen nhw byth yn neud hynna i fi. Ewn ni i ga'l e 'nôl, ife bois? C'mon 'te.

[SAIB TRA MAEN NHW'N YSTYRIED YN LLAWN PA ERCHYLLTERAU FYDD YN EU HAROS NHW.]

ALED: Pam ma' angen y rhaff dwp 'na arnoch chi ta beth? Tyfwch lan, newch chi!

JASON: Dere 'mlan, Rhys, fysen nhw'n rhoi e 'nôl i ti. Ma' dy dad di'n athro.

BILI: *No way*. Newn nhw 'mwrw i'n gynta. Ma' nhw wastad yn.

RHYS: Ie, ma' Bili'n iawn. Pan ma' Bianchi'n dod 'nôl, alle fe fynd i nôl y rhaff.

ACT 1

JASON: Pan ma' Bianchi'n dod 'nôl, allen ni fynd lawr 'na a bwrw nhw.

[JASON YN MYND I EISTEDD AR Y SIGLEN AC YN DECHRAU GWTHIO'N UWCH. MAE ALED YN GWNEUD YR UN PETH TRA BOD BILI'N SEFYLL YN YMYL Y POLION AC YN GWYLIO. MAE RHYS YN MYND DRAW ATO FE.]

RHYS: Ti'n mynd i neidio bant heddi?

BILI: Mbo.

RHYS: Dylet ti – ma' fe'n *epic*. Ma' pawb yn gallu bwrw Broncos nawr – heblaw ti. Ti'n ffaelu neidio bant hyd yn o'd.

BILI: Fi 'di neud e unweth, ond do'dd neb 'ma.

RHYS: Pryd?

BILI: Ganol nos. Ddes i lan 'ma ar ben 'yn hunan. O'dd e lot gwell pan o'dd hi'n dywyll. Lot mwy *scary* nag yw hi nawr.

RHYS: Gwna fe nawr 'te.

BILI: Twpsyn!

[MAE JASON AC ALED WEDI CYRRAEDD Y LLWYFAN.]

JASON: [YN GWEIDDI AR ALED] Cynta i neidio bant, wedyn 'nôl a bwrw Bronco!

ALED: Reit ... NAWR!

MA' BILI'N BWRW'R BRONCO

[MAE'R CRIW YN RASIO'I GILYDD. ALED SY'N NEIDIO'N GYNTA, A JASON YN DILYN. MAEN NHW'N DOD 'NÔL I FWRW BRONCO. MAE ALED YN BENDERFYNOL O ENNILL, AC YN FODLON TWYLLO OS OES ANGEN. MAE PWY BYNNAG SY'N LLWYDDO AR Y NOSON YN DATHLU MEWN FFORDD DROS-BEN-LLESTRI, TRA BOD Y COLLWR YN CWYNO'N HALLT BOD Y LLEILL YN TWYLLO AC YN MYNNU CAEL GORNEST ARALL. DAW BILI I GYMRYD SIGLEN. MAE'N SEFYLL ARNI, AC YN DECHRAU GWTHIO'N UWCH.]

JASON: 'Co fe bant.

ALED: Oi! *Swing* fi yw hwnna!

RHYS: Neidia bant 'te Bils!

JASON: Ie, dere 'mlan y *chicken* – neidia!

ALED: Dere bant o 'na!

RHYS: Neidia!!

[MAE BILI'N NEIDIO, OND AG UN LLAW YN DAL I AFAEL YN Y SIGLEN. MAE'N GLANIO'N DRWSGL GAN SGATHRU'R LLAWR.]

JASON: Ha ha, nath e ddim gadel fynd!

RHYS: Ma' hwnna'n fwy dansherys na neidio bant ar y glaswellt.

ALED: Ddysgith hwnna i ti ddwgyd 'yn *swing* i.

BILI: Sori, Aled.

ALED: Ma'n olreit. Sdim ots 'da fi ta beth, dim ond *swing* yw e.

ACT 1

[ALED YN GAFAEL YN BWRPASOL YN Y SIGLEN AC YN DECHRAU
GWTHIO'N UWCH. MAE JASON YN YMARFER CEISIO SEFYLL AR
EI DDWYLO, AC MAE E AR FIN CICIO'I GOESAU I FYNY.]

BILI: Fi 'di 'nafu'n ben-lin i.

JASON: Shgwlwch arna i!

BILI: O'n i'n mynd i neidio bant ar y gwair, ond o'dd *loads* o gerrig 'na . . . a'r *dog turd massive* hyn.

JASON: Bois, myn . . . !

RHYS: [WEDI CAEL DIGON O ESGUSODION BILI] Dylet ti jyst neud e. Be ti'n mynd i neud tra bod ni i gyd yn bwrw Broncos?

JASON: Pam nethoch chi ddim wotsho fi bois? 'Nes i *epic handstand* fanna am bythdi bum munud!

ALED: Ma' Bianchi'n dod!

[MAE RHYS A JASON YN DRINGO'R POLION ER MWYN GWELD
YN WELL. MAE BILI YN NEIDIO I FYNY AC I LAWR YCHYDIG O
WEITHIAU ER MWYN CEISIO GWELD, OND YN METHU.]

BILI: Sneb 'da fe, o's e?

RHYS: [MAE'N SIARAD Â'R GYNULLEIDFA O BLE BYNNAG MAE'N DIGWYDD BOD YN HONGIAN AR Y PRYD] Roedd Bili wastad yn *paranoid* ambytu ffrindie Bianchi. Sa i'n gwbod pam, chwaith – doedd e 'riod 'di cwrdd â nhw, sa i'n credu. Ond rhywsut roedd e wedi confinso'i hunan bod llwyth o seicos caled yn mynd i droi lan a mynnu

cael cysgu yn ei dŷ e . . . neu rywbeth. Wy'n credu oedd
e'n becso bod Bianchi'n mynd i ddod â rhagor o fois ffit,
golygus, fydde'n gallu neidio bant o'r *swings* yn rhwydd
a bydde hynny'n hala i Bili deimlo'n wa'th fyth.

[DAW BIANCHI I'R LLWYFAN. MAE'N CERDDED YN ARAF GAN
GYDNABOD CYFARCHION BRWDFRYDIG Y BECHGYN DRWY
NODIO'I BEN YN GYNNIL. MAE'N CYMRYD UN O'R SIGLENNI
AC YN GWTHIO'N UWCH YN DDEHEUIG. DAW BIANCHI YR
OEDOLYN YMLAEN, GAN NEIDIO AR Y SIGLEN NESAF AT UN Y
BIANCHI IFANC. WRTH I RHYS SIARAD, MAE'R DDAU BIANCHI'N
PERFFORMIO CAMPAU ACROBATIG TRAWIADOL. MAE
GWEDDILL Y BOIS YN SEFYLL YN ÔL YN BARCHUS.]

RHYS: [WRTH Y GYNULLEIDFA] Fel allwch chi weld, boi cŵl
oedd Bianchi. Nage bod e'n gorffod trio'n rhy galed
chwaith. Doedd hyn i neud 'da'r ffaith ei fod e'n dda mewn
pob math o gampau. Nage jyst *football*, nofio a rhedeg,
ond pethe fel hyn 'fyd, gyda'r *swings*. Fe oedd pencampwr
Cymru am ddringo coed, deifo mewn i'r afon, a sledjo
lawr y tip mewn hen sach blastig. Wy'n credu, un tro, ei
fod e wedi cael cynnig cystadlu yn y Winter Olympics
ar ôl sgido'i feic ar draws llyn oedd wedi rhewi'n galed
rhyw flwyddyn. Sdim syniad 'da fi beth mae'n neud
nawr. Roedd pawb yn meddwl y byse fe'n bêl-droediwr
proffesiynol rhyw ddiwrnod. Ond, na. Methiant arall.
Gath e'r ferch 'ma – Louise – yn feichiog, tua'r un adeg ag
o'n i'n trio 'ngore i ddeall yr *offside rule*. Roedd e fel tase
fe'n deall lot mwy am y byd na'r un ohonon ni – 'na pam
oedd e'n cadw'n dawel ambytu pethe, sbo.

ACT 1

[BIANCHI YR OEDOLYN YN GADAEL Y LLWYFAN GYDA NAID DDRAMATIG.]

BIANCHI: Pawb mewn rhes bois. Fi'n mynd am y *big four*.

JASON: Bagso fi'n gynta!

[Y BECHGYN YN RASIO'N WYLLT I ORWEDD AR Y LLAWR O FLAEN SIGLEN BIANCHI. YN ANFODLON IAWN, RHYS SY'N GORWEDD BELLAF I FFWRDD.]

RHYS: [WRTH Y GYNULLEIDFA] Chi'n sylwi ar yr ymddiriedaeth lwyr sy gan bawb yng ngallu Bianchi? O wel, 'co ni bant. [WRTH BIANCHI] Bianchi? Ti 'di neud hyn o'r blan? [DIM YMATEB] Bianchi?

JASON: Fysen i ddim yn gorwedd fanna, sen i'n ti. Tro dwetha neidiodd e bant fel hyn, landodd e ar dalcen Darren Wilkins. O'dd lwmpyn fel wy 'di berwi 'dag e, a rhedodd e gatre'n llefen.

[MAE BILI'N CEISIO DIANC, OND AR ÔL CYFNEWID CLATSHEN NEU DDWY GYDA JASON, MAE'N GORWEDD LAWR UNWAITH ETO.]

BIANCHI: Ishte lawr, Bili, y *dick*.

ALED: Ie, 'shtedda lawr, Bili, y *dick*. Pwy o'dd Darren Wilkins?

RHYS: Be ti'n feddwl pwy o'dd e? Gas e 'i ladd?

JASON: Y boi bach 'na, ti'n gwbod – yr un o'dd pawb wastad yn dwgyd 'i feic e.

ALED: Wy'n ei gasáu e.

RHYS: Ti'n casáu pawb.

BIANCHI: Hei, fi'n barod i neidio man hyn!

[BILI'N CAEL OFN AC YN OCHNEIDIO'N OFNUS AC ISEL WRTH IDDO SYNHWYRO BOD BIANCHI AR FIN NEIDIO. OND MAE'R NAID YN UN ANHYGOEL O UCHEL, AC MAE BIANCHI'N CLIRIO PAWB YN RHWYDD.]

BIANCHI: Iei! Welsoch chi 'na? *Epic*! Sdim un ohonoch chi'n gallu neud hwnna, *no way*. Ffindwch rywun arall, a 'naf i'r *big five*.

ALED: Beth am whâr fach Rhys?

RHYS: Wow nawr . . .

JASON: Pawb i orwedd ffor' arall. *Lengthways*.

BIANCHI: Ie!

RHYS: Beth am ga'l ras fawr yn lle 'ny?

ALED: Olreit 'te. EWCH!!

[ALED YN RHEDEG I FFWRDD. MAE'R LLEILL YN GALW AR EI ÔL AR DRAWS EI GILYDD.]

Y LLEILL: Aros! Arhosa am y bois, myn . . .

JASON: *Indian rules* neu normal?

BIANCHI: *Indian rules*.

ACT 1

JASON: Ond sdim hoelon 'da ni . . .

RHYS: Sa i'n lico hoelon ta beth.

ALED: Paid â raso te!

JASON: Beth am ras twtsho'r *chains*, bois? Os ti'n twtsho'r chains, ma' 'na *forfeit*. Ni'n gallu neud beth bynnag ni moyn i chi wedyn.

[PAWB YN EDRYCH YN FYGYTHIOL TUAG AT BILI, FEL PETAEN NHW'N SYNHWYRO GWAED.]

JASON: Ocê 'te, lan i'r top, 'nôl fan hyn a rownd yr ochor . . .

BIANCHI: Na, na. Rownd y *swings* unweth, 'nôl a bwrw Bronco. Os chi'n twtsho'r *chains*, chi'n gorffod mynd 'nôl i'r dechre.

ALED: Reit. *So*, lan, lawr, ar draws, trwodd, lan i'r top, 'nôl rownd, dim *chains*, neidio, Bronco, dim *chains*, 'nôl, neidio bant a 'nôl.

[PAWB YN CYTUNO'N FRWD, HEBLAW AM BILI. MAE E AR GOLL YN LLWYR GYDA CHYMHLETHDOD HYN.]

BIANCHI: EWCH!!

[DAWNS. CAIFF DIGWYDDIADAU'R BORE EU DANGOS AR FFURF DAWNS, AC MAE'R OEDOLION YN YMUNO HEFYD. MAE'R BOIS YN RHEDEG RAS, BILI A JASON WRTHI'N YMLADD, A BIANCHI YN NEIDIO'N FWY A MWY CELFYDD. MAE ANGEN

DANGOS PERTHYNAS YR OEDOLION GYDA'R FERSIYNAU IFANC
OHONYNT EU HUNAIN YMA. ER ENGHRAIFFT, MAE ALED YR
OEDOLYN YN LLWYDDIANUS NAWR, YN WAHANOL I'R ALED
IFANC. GALL ALED YR OEDOLYN GERYDDU'R ALED IFANC AM
DWYLLO A CHREU HELYNT. GALL BIANCHI YR OEDOLYN FOD
YN DIFARU RHAI O'R DEWISIADAU A WNAETH YN EI FYWYD,
AC MAE'N GWELD HYN FEL CYFLE I ROI'R GORAU I DDANGOS
EI HUN GYMAINT PAN OEDD YN BLENTYN. MAE JASON YR
OEDOLYN YN HIRAETHU AM Y RHYDDID OEDD GANDDO'N
BLENTYN, FELLY MAE'N ANNOG Y JASON IFANC YMLAEN YN
EI YMLADD A'I CHWARAE. MAE RHYS YN YMUNO YN Y RAS
HEFYD, MAE'N AROS YN BLENTYN YN YSTOD Y DDAWNS.
AM RESYMAU A DDAW'N AMLWG YN Y MAN, MAE'R OEDOLION
YN AWYDDUS I CHWARAE GYDA'R BILI IFANC, YN WAHANOL
I'R BECHGYN SYDD FEL ARFER YN EI ANWYBYDDU. RHODDIR
RHWYDD HYNT I'R COREOGRAFFYDD YN Y FAN HON, OND
MAE ANGEN I'R DARN HWN FOD YN WELEDOL GYDA'R CYRFF
YN HEDFAN DRWY'R AWYR, A SŴN Y SIGLENNI'N TARO YN
ERBYN EI GILYDD YN ATSEINIO'N UWCH NA'R GERDDORIAETH.
DAW'R DARN I BEN GYDA BIANCHI – WRTH GWRS – YN ENNILL
Y RAS. MAE'R OEDOLION YN GADAEL AM Y TRO, A'R BOIS
IFANC YN SYRTHIO I'R LLAWR ER MWYN CAEL HOE FACH.
OND WEDI MUNUD NEU DDWY MAE'N AMLWG FOD BILI YN
DAL WRTHI'N RASIO. MAE BILI MOR BELL AR EI HÔL HI NES
EDRYCH FEL PETAI'N RHEDEG RAS CWBWL WAHANOL, OND
MAE'N GWRTHOD RHOI'R GORAU IDDI. MAE'N EI CHAEL YN
ANODD NEIDIO ODDI AR Y SIGLENNI, FELLY MAE'N MYND
TRWY'R GYFRES GYFARWYDD O SYMUDIADAU BOB TRO – GAN
NEIDIO, DAL YMLAEN AC YNA SGATHRU'N BOENUS.]

ACT 1

RHYS: Be ti'n neud, Bili?

BILI: [ALLAN O WYNT] Raso.

[PAWB YN CHWERTHIN.]

JASON: O, Bili y *dick* bach – ma'r ras 'di cwpla.

BIANCHI: Fi 'nillodd. Mae drosodd, Bili. [GAN WEIDDI] Fi enillodd, reit?

ALED: [WRTH BIANCHI] 'Nest ti droad *amazin'* pan neidiest ti bant ar y diwedd.

BIANCHI: Wy'n gwbod 'ny *man*, 'nes i jyst . . . [YN MEIMIO MEWN *SLOW MOTION* GYDA'R EFFEITHIAU SAIN PRIODOL]

RHYS: 'Nes i hwnna 'fyd.

ALED: Na 'nest ti ddim. Smo ti'n gallu bwrw Bronco'n iawn hyd yn o'd.

JASON: [YN DAL I WYLIO YMDRECHION POENUS BILI] Shgwlwch ar Bili. Ha, ha, ha!

RHYS: Be ti'n treial 'i weud? Wy gystal â ti.

ALED: [MAE'N MEIMIO MEWN *SLOW MOTION* ETO] O ie! Fel hyn ti'n neud e.

RHYS: Nagw! Wy'n neud e fel hyn . . . [MAE RHYS YN YMUNO YN Y MEIM, A'R SYNAU UCHEL A GYNHYRCHIR GAN Y DDAU YN DEBYCACH I GYFLAFAN NAG I GYSTADLEUAETH BRONCO]

BILI: [YN CYRRAEDD PAWB AC YN GORWEDD YN FFLAT AR EI WYNEB] Neud e! Fi 'di neud e!

MA' BILI'N BWRW'R BRONCO

JASON: [YN CICIO BILI] Smo fe'n cyfri os nag wyt ti'n bwrw Bronco.

BILI: [WEDI'I LORIO GAN Y NEWYDDION] Y? Wedodd neb wrtha i . . . Beth sy'n digwydd fanna?

JASON: Rhys ffaelu bwrw Bronco'n iawn. Aled wedi gweud.

BILI: [YN SIBRWD YN GYNLLWYNGAR WRTH JASON] Fi'n hêto'r Aled 'na. Dylen ni neidio arno fe.

JASON: Shwd?

BILI: Welest ti *Dukes of Hazzard* nithwr?

JASON: Ai, 'na syniad da – 'i roi e mewn car a gwthio fe off ochor dibyn.

BILI: Nage myn! Mynd lawr i'r Ca' Coch, reit? Clymu *knots* yn y gwair uchel, mynd â fe lawr 'na, tshaso ar 'i ôl e, a bydd e'n cwmpo . . .

JASON: Smo hwnna'n ddim byd.

BILI: [GAN FEDDWL] Wel . . . allen ni roi cerrig lawr, ontefe? Ar ôl y *knots*.

JASON: Ocê. Ond paid gweud 'tho Rhys – ti'n gwbod shwd un yw e.

BILI: Ie. Byse fe jyst yn grasso wrth Aled. Ti'n credu bod e'n lico Aled mwy na ni?

JASON: Wel, mae e'n lico fi mwy na ti.

BILI: Nagyw ddim! Mae e'n lico fi mwy na ti!

JASON: Ma' mam ti'n lico fi mwy na ti.

ACT 1

BILI: O leia ma' mam 'da fi.

[YMLADD YN DECHRAU RHWNG Y DDAU, YN EITHAF DIFRIFOL Y TRO HWN. MAE'R LLEILL YN RHOI'R GORAU I DDADLAU DROS DECHNEG BWRW BRONCO ER MWYN GWYLIO.]

RHYS: Stopa nhw!

ALED: Na, gad nhw fod. Ti wastad yn stopo pethe.

BILI: [FEL Y CYMERIAD CARTŴN BATFINK] *Your bullets cannot harm me. My wings are like a shield of steel.*

[BILI A JASON YN GADAEL Y LLWYFAN.]

BIANCHI: Ges i ffeit neithiwr.

[MAE BIANCHI'N TYNNU SYLW RHYS AC ALED.]

ALED: 'Da pwy?

BIANCHI: Hannah.

ALED: Merch?!

RHYS: Gary Hannah. Ma' fe'n dair ar ddeg.

ALED: *So*? Fydda i'n dair ar ddeg cyn bo hir.

RHYS: Fyddwn ni i gyd yn dair a'r ddeg ryw ddiwrnod.
  [MAE'N TROI AT Y GYNULLEIDFA Â GOLWG 'CHI'N GWELD BE WY'N GORFFOD DIODDE?' AR EI WYNEB]

BIANCHI: Neithiwr, reit? O'n i lawr ar bwys y creigiau yn yr afon yn deifo . . .

RHYS: Neithiwr? Sa i'n ca'l mynd lawr fanna yn ganol y dydd, hyd yn o'd.

ALED: Tasen i'n byw rownd ffor' hyn, bysen i'n ca'l.

BIANCHI: Wel, o'dd 'y 'mrawd 'di deifo miwn. Ac o'dd Hannah lawr 'na 'da'r merched 'ma, ac a'th un ohonyn nhw'n sownd yn y *weeds*, *so* nofies i draw ati 'ddi a'i thynnu 'ddi'n rhydd. O'dd hi fel, 'O, my hero'. Ges i gusan wrthi 'ddi. *On the lips*. O'dd Hannah'n tampo. Dechreuodd e arna i, ond roies i grasfa iddo fe. O'dd e'n llefen a phopeth. Falle af fi 'nôl lawr 'na heno – falle bydd y merched 'na 'to. Ti moyn dod?

RHYS: Sa i'n ca'l.

ALED: Sen ni yn ca'l. Jyst bod ni'n neud rhywbeth arall.

BIANCHI: Beth chi'n neud?

ALED: Mynd mas . . . 'da merched.

RHYS: Beth?

BIANCHI: O, reit, fi'n gweld. *Epic*.

[BIANCHI'N MYND 'NÔL AT Y SIGLENNI, YN EDRYCH YN GENFIGENNUS BRAIDD. MAE RHYS YN TYNNU ALED NAILL OCHR.]

RHYS: Ti off dy ben? Pam wedest ti 'na?

ALED: Ddylet ti ddim dweud bod ti ddim yn ca'l neud pethe. Mae'n neud i ti swno fel babi.

RHYS: Ond pam o'dd raid i ti weud bod ni'n mynd mas 'da merched? Wy'n casáu merched. Beth os yw e moyn gwbod mwy?

ALED: 'Naf i handlo fe, reit? Yffach, Rhys!

[BILI A JASON YN DOD 'NÔL I'R LLWYFAN, AC MAE'R FRWYDR YN PARHAU RHWNG BILI A JASON. MAE SYLW RHYS AC ALED YN TROI 'NÔL, UNWAITH ETO, AT ORNEST Y GANRIF.]

ALED: Beth ma' hwn ambytu nawr? Pwy yw'r *knob* mwya, ife?

RHYS: Sda fi ddim syniad. Torrwch e lan bois! Mae'n amser cinio jyst â bod. Pwy sy moyn neud *stunts* i weld pwy yw'r gore?

BIANCHI: Fi!

ALED: Rhys, ma' dy fam di'n galw.

RHYS: Ma' 'ddi 'fyd. Wy'n mynd. Ti'n dod?

ALED: Odw.

[ALED YN GAFAEL YN EI FEIC AC YN GADAEL. YN SYDYN, MAE'R FFEIT YN DOD I BEN.]

JASON: C'mon 'te.

BILI: Ie, ffor' hyn!

RHYS: Beth chi'n neud, bois?

JASON: [YN MEDDWL] Ni'n mynd i ffindo'r fan hufen iâ.

MA' BILI'N BWRW'R BRONCO

BILI: Loli Jubbly wy moyn.

BIANCHI: Dere â cwpwl i fi 'fyd. 'Naf i dalu wedyn.

JASON: Y . . . sa i'n credu fydd dim ar ôl 'da nhw.

RHYS: Pam chi'n mynd 'te?

BILI: [YN DRAFFERTHUS] I brynu peth . . . ?

JASON: I brynu peth, so ni'n gallu mynd â rhai draw i'r fan, fel bod gyda nhw beth i werthu.

[JASON A BILI'N GADAEL YN LLAWN BWRLWM A BALCHDER EU BOD NHW WEDI LLWYDDO I DDIANC ODDI YNO.]

RHYS: Be ti'n neud am ginio, Bianchi?

BIANCHI: Sa i'n gwbod.

RHYS: Na' i ofyn i Mam. Gei di fwyd 'da ni, os ti moyn.

BIANCHI: Na, ma'n olreit. Fi'n mynd i ffindo 'mrawd.

[MAE BIANCHI'N NEIDIO ODDI AR Y SIGLEN AC YN GADAEL.]

RHYS: Doedd neb erio'd 'di bod yn nhŷ Bianchi. Doedd neb yn siŵr yn gwmws lle oedd y tŷ hyd yn o'd. Rhywle lan ar y *site*, ar bwys y siop fach, wy'n credu. Roedd 'na ryw bedwar neu bum parc rhwng fanna a fan hyn. Ond rhain oedd *swings* Bianchi, heb amheuaeth. O'n ni mor blwyfol, bydde mynd lawr i'r rowndabowt ar ein beics, neu i'r patshyn gwyrdd ar bwys y siope newydd, fel mynd ar daith i wlad bell. Roedd rhaid atgoffa'n gilydd i wotsho mas, 'Pidwch trysto nhw, smo nhw fel ni rownd ffor' hyn.' O'n nhw ddim hyd yn oed yn gwbod beth oedd Bronco! Weithie, os o'n ni teimlo'n ddewr, fydden ni'n mynd draw i un o'r parcie mowr ar ochr arall y pentre. Roedd hyn yn beryglus, achos oedd rhaid croesi'r ffordd fawr – a dim ond Bianchi oedd yn ca'l neud 'ny. Cofio unwaith mynd draw fel *wagon trail* mewn i wlad yr Indiaid Cochion i whilo am y bachgen lyncodd ei dafod ar ôl cwmpo bant o *swing*. Wedodd ei gydwladwyr – mewn iaith nagon ni cweit yn 'i deall – mai chwedl oedd hon a grewyd gan hen benaethiaid y llwyth er mwyn rhoi stop ar *swing abuse*. Chwedl neu beidio, o'r diwrnod hwnnw 'mlan, o'n ni'n gwbod yn gwmws ble oedd ein tafode ni bob tro o'n ni'n neidio.

[GOLEUADAU'N DIFFODD.]

Prynhawn dydd Sadwrn

[GOLEUADAU'N CODI AR Y SIGLENNI. YR OEDOLION, GAN GYNNWYS RHYS, YN CERDDED YMLAEN YN ARAF I GYFEILIANT CERDDORIAETH AC YN PROWLAN O GWMPAS Y SIGLENNI. GWELWN YMA BETH YW NATUR PERTHYNAS YR OEDOLION Â'I GILYDD. MAE ALED A RHYS YN FFRINDIAU, OND MAE YNA RYW LETCHWITHDOD RHYNGDDYN NHW – A RHWNG BIANCHI A JASON HEFYD – OND UN FUNUD MAEN NHW'N GWAWDIO RHYS, A'R FUNUD NESA MAEN NHW'N GYFEILLGAR. MAE BIANCHI'N DAWEDOG, YN CHWERW AC YN GRAC. MAE JASON

YN BENISEL AC YN SWRTH. MAE ALED YN FENTRUS AC YN UCHELGEISIOL.

UNWAITH ETO, Y COREOGRAFFYDD SYDD I DDEWIS BETH FYDD HYD Y DARN DIEIRIAU AR Y DECHRAU – EFALLAI MAI DIM OND DARN BYR, SYML FYDD E. PAWB YN MYND, GAN ADAEL RHYS AR EI BEN EI HUN AR Y LLWYFAN. AC YNTAU AR FIN SIARAD, DAW SŴN CHWERTHIN TEBYG I *MACHINE GUN* ODDI AR Y LLWYFAN. ALED A BIANCHI SYDD YNA – JASON A BILI HEFYD. MAE JASON YN HELPU BILI, SY'N EDRYCH FEL PETAI WEDI CAEL ANAF DIFRIFOL, ER MAI DIM OND TRWYN GWAEDLYD SYDD GANDDO FE. BIANCHI AC ALED YN CHWERTHIN GYMAINT NES EU BOD NHW'N EI CHAEL HI'N ANODD SEFYLL. MAE JASON YN GWNEUD EI ORAU GLAS I BEIDIO Â CHWERTHIN ER MWYN BOD YN DRIW I'W FFRIND.]

RHYS: Bili! Be ddigwyddodd? Gest ti ffeit, neu beth? Dal dy ben 'nôl.

ALED: [YN CHWERTHIN] Nage, dala fe 'mlan – ma' mam fi'n nyrs.

RHYS: Smo mam ti'n nyrs!

ALED: *So?*

[BILI'N CEISIO DILYN Y DDAU DDARN O GYNGOR AC YN SIGLO'I BEN YN ÔL AC YMLAEN FEL RHYW STEVIE WONDER GWAEDLYD.]

BIANCHI: O'dd hwnna'n *epic* – ddylech chi 'di weld e!

RHYS: Be ddigwyddodd?

BILI: [YN YNGANU'N ANEGLUR] ... eghft ... bantum, brlwmyn carig.

RHYS: Beth?

ALED: Peth mwya doniol i fi weld ers ache, a gollest ti fe.

RHYS: Jason, gwed wrtha i!

JASON: O'dd Bili a fi lawr yn y Ca' Coch, reit? A nethon ni alw ar Aled i ddod i weld rhywbeth ...

ALED: Gweld beth?

JASON: O'dd e wedi mynd erbyn 'ny.

ALED: Ie, ond beth o'dd e?

JASON: [MEWN CYFYNG-GYNGOR BRAIDD] Ym ... o'dd y ... beic o'dd e.

ALED: Beic? Pam fysen i moyn gweld beic?

JASON: Achos. O'dd e'n *epic*. Y beic mwya cŵl fi eriod wedi gweld.

RHYS: Neith rhywun plis weud wrtha i beth sy 'di digwydd i Bili? Cyn i fi smaco rhywun.

BIANCHI: O'n ni lawr yn Ca' Coch, a nath mêts 'y mrawd i neidio arnon ni. [CHWERTHIN]

RHYS: Ie, wy'n pisho'n hunan fan hyn ...

BIANCHI: O'dd 'da nhw'r rhaff *massive* hyn, reit? Nethon ni redeg fel *nutters* lan y bancyn a cuddio tu ôl i'r brics 'ma. A wedodd Aled ...

ALED: Wedes i, 'Dewch 'mlan, bois. Beth am daflu cerrig lawr 'na a neidio arnyn nhw? Un-dau-tri-ewch!' Ac o'dd Bili'n credu bo' fi o ddifri, a . . .

BIANCHI: O'dd Bili'n credu bod e o ddifri a bomodd e lawr ochr y bancyn, yn sgrechen ac yn gweiddi ac yn wafo'i freichie yn yr awyr. [RHAGOR O CHWERTHIN]

RHYS: Wedyn gest ti grasfa 'da brawd Bianchi?

JASON: [YN SIGLO'I BEN YN DRIST] Na . . .

BILI: [YN SIGLO'I BEN YNTAU'N DRIST HEFYD] Nfght . . .

ALED: A'th e ddim mor bell â hynny. A'th Bili mewn i'r patshyn mowr o laswellt hir a WHYYSH, lawr â fe.

BIANCHI: O'dd rhywun wedi clymu *knots* yn y gwair a dodi cerrig lawr! Trap *amazin*'! Rhaid taw 'mrawd i 'nath e. Ha ha!

JASON: Ie . . . *amazin*'. [YN TAFLU EDRYCHIAD CERYDDGAR AT BILI]

ALED: Ges i'n stingo yn y dinad.

RHYS: Ffinda betingalw i roi arno fe. *Dick leaf*.

ALED: *Dock leaf*, y *dick*.

[MAE'R BECHGYN I GYD YN EISTEDD O FLAEN Y SIGLENNI.]

RHYS: *So?*

JASON: Pam bod nhw wastad yn tyfu ar bwys y dinad?

ALED: [YN TYNNU WYNEB TWPSYN] *Cretin!* Achos pan ti'n cael dy stingo ti'n gallu'u defnyddio nhw i wella d'unan.

JASON: Ond shwt? Shwt ma'r dinad a'r *dock leaves* yn gwbod?

BILI: [MAE'R LLIF GWAED WEDI ARAFU ERBYN HYN] O'dd Duw wedi infento e fel'na. I helpu ni.

BIANCHI: O na! Paid gweud bod ti'n credu yn Nuw?

BILI: Twpsyn!

BIANCHI: Wel, tase Duw i ga'l, bydde fe 'di cymysgu'r dinad a'r *dock leaves* mewn i un planhigyn. Wedyn 'ny, bob tro byddet ti'n cael dy stingo bydde'r *sting* yn diflannu'n syth.

JASON: Ti'n credu yn Nuw, nagyt ti, Rhys? Ti'n mynd i'r capel.

RHYS: Sdim rhaid credu yn Nuw i fynd i'r capel.

BIANCHI: Nagos e?

ALED: Mae'n rhaid bod y gweinidogion yn credu yn Nuw, neu fydden nhw'n colli'u *job*.

JASON: Smo hwnna'n cyfri, odyw e?

BILI: Falle bod pawb yn gorffod ca'l 'u stingo.

PAWB: Beth?

BILI: Wel, os fysen ni byth yn cael ein stingo, bydde dim angen *dock leaves*. A wedyn 'ny fysen nhw jyst yn ishte 'na yn neud dim byd. Bydde neb hyd yn o'd yn gwbod bod nhw 'na.

[PAWB YN CHWERTHIN AR ATHRONIAETH FFATALAIDD BILI.]

ALED: Smo ni'n siarad am hwnna nawr. Tyfa lan, Bili.

BIANCHI: Pam ti mor *thick*, Bili?

BILI: Fi ddim, reit?

JASON: O ie? Wel, pam ti angen athrawes sbesial yn 'rysgol 'te?

[UNWAITH YN RHAGOR, MAE FFEIT YN DECHRAU. MAE'N FFEIT DDIFRIFOL RHWNG BILI A JASON, OND YN TROI'N FWY O SBORT PAN MAE ALED A BIANCHI'N YMUNO. CYFRES O SEFYLLFAOEDD LLE MAE'R BECHGYN YN RHEDEG AR ÔL EI GILYDD, YN YMLADD, YNA'N RHEDEG AR ÔL EI GILYDD ETO AC YMLADD AYYB.]

JASON: [WEDI DRINGO AR GEFN BIANCHI] *When we first met, I was the pupil and you were the Master. Now I am the Master.*

BILI: [WEDI DRINGO AR GEFN ALED] *I am defenceless. Take your weapon. Strike me down. And your journey to the dark side will be complete.*

[MAEN NHW'N RHEDEG I FFWRDD. MAE RHYS YN CAMU YMLAEN ER MWYN SIARAD GYDA'R GYNULLEIDFA.]

RHYS: O, dyddie dedwydd, hapus, braf. Alla i ddim help edrych 'nôl. A dweud y gwir, ro'n i'n hiraethu am golli plentyndod pan o'n i'n dal i fod yn blentyn. Yn fy arddege, ar ôl disgo yn y Ganolfan Gymunedol, fydden ni wastad yn dod lan fan hyn yn hwyr y nos i eistedd ar y *swings*.

ACT 1

Disgos yn y Ganolfan Gymunedol . . . Nosweithie uffernol llawn hormons a nerfe. Y bechgyn, yn esgus eu bod nhw'n *bored* ar un ochr, a'r merched yn esgus eu bod nhw'n *bored* ar yr ochr arall. Weithie, fe fydden ni gyd yn cwrdd yn y canol am dymed bach o fwmpo a baglu ond, gan amla, y busnes *bored* 'ma oedd hi. Ta beth, ar ôl noson fawr o acto'n feddw ar ganiau o Coke ac aspirins, o'n i'n dod lan fan hyn i edrych 'nôl, ond mewn ffordd eironig, wrth gwrs. Dylen nhw ddysgu am beryglon eironi yn yr ysgol. Yr un hen stori yw hi: dechre bant gyda 'bach o *cheek* yn y dosbarth, jyst er mwyn bod yn gymdeithasol. Wedyn angen rhywbeth cryfach, a symud 'mlan at *sarcasm*. Erbyn y diwedd, roedd angen dos go fawr o eironi peth cynta bob bore jyst er mwyn codi o'r gwely.

BIANCHI: Rhys! *C'mon*, myn. Pawb i neidio ar yr un *swing*. Aros i fi droi e rownd y ffor' iawn.

[MAE'R YMLADD WEDI GORFFEN AC MAE GÊM FFURFIOL AR Y SIGLENNI AR FIN CYCHWYN. MAE RHYS YN YMUNO Â NHW WRTH IDDYN NHW DRIO TORRI'R RECORD. PAWB HEBLAW'R OEDOLION AR YR UN SIGLEN.]

JASON: Bili'n gynta, fe yw'r lleia.

[MAE BILI'N YMBARATOI, GAN SEFYLL YN ANGHYFFORDDUS AC YN GAFAEL YN DYNN YN Y CADWYNI.]

BIANCHI: Rhys, cer ochor draw. Aled ochor 'ma.

[MAE'R DDAU AR YR ASGELL – RHYS AC ALED – YN EU LLE AR Y NAILL OCHR I'R SIGLEN.]

JASON: Fi ar y blan, yn dy wynebu di.

BIANCHI: Fi ar y cefn tu ôl i ti.

[MAE PAWB YN EU LLE AR Y SIGLEN AC YN BAROD I FYND.]

BIANCHI: Gwthia!

ALED: Yn uwch!

[MAE TIPYN O YMDRECHU'N DIGWYDD OND DYW'R SIGLENNI DDIM YN SYMUD.]

RHYS: [GAN WEIDDI] Bois, myn! Pawb i wthio'r un ffordd!

[PAWB YN LLONYDDU AR SIGLEN.]

BIANCHI: Barod? Un-dau-tri-ewch!

[YR UN SYMUDIADAU'N UNION. PAWB YN GWEIDDI CYNGOR A CHYFARWYDDIADAU AR EI GILYDD. DAW'R OEDOLION I'R LLWYFAN AC AT Y SIGLENNI. MAEN NHW'N DECHRAU TRWY ROI GWTHIAD BACH YSGAFN I'R BECHGYN – BILI, ALED A RHYS. CERDDORIAETH. BLOEDDIADAU'R BOIS WRTH I'R SIGLENNI DDECHRAU SYMUD A CHYFLYMU'N RADDOL. Y GERDDORIAETH YN CYFLYMU, A'R OEDOLION YN GWTHIO'N GALETACH. MAE'R OEDOLION FEL PETAENT YN MWYNHAU

CODI OFN AR Y BECHGYN. MAE ALED A RHYS YN GWEIDDI ARNYN NHW I ARAFU A BILI'N DECHRAU SGRECHIAN.]

BIANCHI: Neidiwch bant! Neidiwch bant!

[ALED A RHYS YN SYRTHIO ODDI AR Y SIGLEN. MAE'R GERDDORIAETH AR EI HANTERTH WRTH I'R BECHGYN LANIO'N DRWM AR LAWR. DIM OND BILI SY'N AROS AR EI SIGLEN. MAE E WEDI DYCHRYN, FELLY MAE'R OEDOLION YN EI HELPU I DDOD LAWR ODDI AR Y SIGLEN. MAE PAWB I'W GWELD YN IAWN – HEBLAW AM RHYS, SY'N GORWEDD AR Y LLAWR YN CRIO. AR ÔL I'R OEDOLION WNEUD YN SIŴR BOD BILI'N IAWN, MAEN NHW'N GADAEL. MAE'R BOIS YN AMGYLCHYNU RHYS YN BRYDERUS.]

ALED: Ti'n olreit?

BIANCHI: Betia i bod hwnna'n brifo.

JASON: Rhys? Ti moyn fi hôl Mam ti?

ALED: Af fi i hôl hi, ma' fe'n gefnder i fi.

RHYS: [TRWY EI DDAGRAU, GAN DDAL AR EI FREST] Na, na, wy'n iawn. Wy ffaelu anadlu.

BILI: Be nest ti?

[MAE'R BECHGYN YN HELPU RHYS.]

BIANCHI: Anadla'n ddwfwn. Ma' fe wedi windo.

[MAE PAWB YN ANADLU'N DDWFN.]

BILI: Wedi windo? Beth? Fel cloc?

JASON: *Winded*, y *dick*!

RHYS: Landes i reit ar 'y mrest i. [YN DECHRAU DOD ATO'I HUN] Wy'n olreit nawr. Credu âf i gatre.

ALED: [YN GAREDIG] Paid â mynd eto, Rhys. Fyddi di'n iawn mewn munud.

BILI: Ie, aros Rhys myn. Stedda fan hyn.

[BILI, ALED A JASON YN EISTEDD WRTH OCHR Y SIGLENNI. MAE BIANCHI'N MYND 'NÔL AR Y SIGLEN AC YN BWRW CWPWL O FRONCOS.]

BIANCHI: O'dd hwnna'n *crackin*, myn! *Whack*! AAAAAAA!!!

RHYS: [GAN CHWERTHIN] Wy'n gwbod. O'n i'n meddwl bo' fi am farw.

JASON: O'n i'n meddwl hynny pan gwmpes i bant o do'r orsaf ambiwlans.

ALED: Bron i fi ga'l 'yn lladd unweth. O'n i'n tasgu ar draws y rhewl ar bwys tŷ ni ac a'th moto-beic heibio bythdi gyment â hyn oddi wrtha i. [YN DAL EI FYSEDD TUA MILIMETR AR WAHÂN] O'n i ffaelu stopo crynu.

BILI: Credu 'i fod e'n fwy anodd cael dy ladd pan ti oedran ni.

ALED: Nagyw – ma' fe'n haws. Meddylia am y peth – pan ti'n hŷn, ma' 'da ti fysls i brotecto ti.

JASON: A chyllyll a phethe.

ACT 1

ALED: Ie, a chyllyll a phethe.

BILI: Ie, ond beth am Gashy? O'dd e 'di cwmpo mas o ffenest fflat *really* uchel a lando mewn sgip, a dim ond torri'i gefen 'nath e. Ond os bydde Mam fi'n cwmpo mas o ffenest fflat a lando mewn sgip, bydde hi'n *dead*.

JASON: Paid â byw mewn fflat uwchben sgip, 'te . . . Pan fi'n tyfu lan wy'n mynd i fyw yn America gyda Mam.

[ALED A RHYS YN EDRYCH AR EI GILYDD.]

RHYS: Ble yn America ma' dy fam di'n byw 'te?

JASON: Yn y . . . Hollywood fi'n credu, neu New York. O'dd Dad yn arfer gwitho yn Richmond Virginia, cyn dod i witho draw fan hyn fel *inventor*. O'dd e'n gwitho mewn ffatri draw 'na.

ALED: Beth 'nath dy dad di infento?

RHYS: Y go-cart 'na! Ti 'di gweld e? Yr un *amazin'* 'na 'da'r syspenshyn a'r brêcs. Y go-cart gore fi 'di gweld erio'd.

JASON: Fi'n gwbod. A'r un mwya ffast. Beth am ga'l y go-carts mas 'te, bois?

BILI: Fi 'di torri un fi. Ges i *smash*.

RHYS: Be ti'n mynd i fod pan ti'n tyfu lan, Bili?

ALED: *Midget*. Wy'n mynd i fod yn *journalist*.

BILI: Na. Fi'n mynd i joino'r armi.

BIANCHI: [FEL B. A. BARACUS O *THE A TEAM*] *Shut up fool*! Ti'n rhy fach i joino'r armi.

BILI: Na fi ddim! Ma' nhw'n cymryd unrhyw un. 'Nes i wylio'r *programme* hyn am y bachan 'ma o'dd yn byw yn America. 'Nath e redeg bant ar ôl ca'l ffeit gyda'i dad – a joinodd e lan.

RHYS: Ie, ond America o'dd hwnna.

BILI: *So*! Fi'n mynd i neud e cyn bo hir.

[MAE PAWB YN CHWERTHIN. JASON YN TROI CROEN BRAICH BILI AC YN RHOI *CHINESE BURN* IDDO.]

BILI: Smo fi'n jocan, bois. Os fi'n diflannu, reit? Wy 'di mynd i'r armi. Os yw tad fi'n rhoi rhagor o *gyp* i fi, 'na i weud, 'Ta-ra! Wy mynd i joino'r armi, cael dryll, dod 'nôl a saethu coese ti bant.'

BIANCHI: [NEIDIO ODDI AR Y SIGLEN] Ma' hyn yn *borin'*, bois. Beth am fwrw Broncos?

RHYS: Bydd swper fi'n barod cyn bo hir, credu âf i. Faint o'r gloch yw hi?

BIANCHI: Deg munud wedi pump.

[MAE ALED YN EDRYCH AR EI ORIAWR, YN SGRECHIAN AC YN RHEDEG AM EI FEIC. MAE'N PEDLO ODDI AR Y LLWYFAN YN Y DDIHANGFA THEATRIG GYFLYMAF WELWYD ERIOED. MAE'R BECHGYN ERAILL YN ASTUDIO'R GWAGLE LLE ROEDD ALED YN SEFYLL EILIADAU'N UNIG YN ÔL.]

ACT 1

BIANCHI: Be sy'n bod arno fe?

RHYS: Mae'n gorffod bod 'nôl yn tŷ Mam-gu cyn pump, neu ma' fe'n troi mewn i *pumpkin*, neu rwbeth.

JASON: Ond os yw hi'n ddeg munud wedi, fydd e'n gorffod trafeilio 'nôl mewn amser.

RHYS: O'dd e'n mynd yn ddigon clou . . .

BIANCHI: Wy'n mynd 'fyd. Wy'n mynd i gael rhywbeth o'r *chippy*. Chi'n dod lawr at yr afon heno?

[PAWB YN YSGWYD EU PENNAU.]

BIANCHI: A wel . . . wela i chi fory 'te.

[BIANCHI YN GADAEL GAN CHWIBANU'N HAPUS.]

JASON: Smo Bianchi byth yn mynd gatre.

BILI: Rhaid bod e, ar ddiwedd y nos.

RHYS: Well 'da fe fod tu fas, wy'n credu.

JASON: Ma' Dad wastad yn towlu fi mas o'r tŷ. Mae'n gweud bod gwylio'r teli'n neud ti'n dwp.

RHYS: Shwd alle fe neud ti'n dwp? Wy'n dysgu llwyth o bethe o'r teli. Licen i tasen i'n cael aros mewn drw'r dydd a gwylio fe. 'Na beth wy'n mynd i neud pan ma' tŷ'n hunan 'da fi.

BILI: Sa i moyn dysgu mwy o bethe. Fi'n gwbod popeth yn barod. Fi'n llawn dop.

JASON: Shwd? Smo ti'n gallu bwrw Bronco hyd yn o'd.

RHYS: Smo nhw'n gadel i ti joino'r armi os nag'yt ti'n dda 'da *swings*.

BILI: Ca' dy ben.

RHYS: Mae'n wir. Beth os o's 'na ryfel, a ti'n gorffod neidio mas o awyren 'da parasiwt a lando mewn parc? Be 'nei di wedyn?

BILI: [YN ANSICR] Ca' dy ben.

JASON: Bois, myn. Beth am ddysgu Bili shwd i fwrw Bronco?

BILI: Fi'n gallu bwrw Bronco'n barod, reit? Jyst fi ffaelu bod yn *bothered*.

[RHYS A JASON Y CHWERTHIN.]

RHYS: Dere 'mlan 'te.

BILI: Twpsyn!

JASON: Bwra'r Bronco, neu fi'n mynd i ladd ti.

BILI: Twpsyn! Fi'n mynd gatre i ga'l swper!

RHYS: [YN LLAFARGANU] Bili, Bili – ffaelu bwrw Bronco! Bili, Bili – ffaelu bwrw Bronco! [YN PARHAU YMLAEN AC YMLAEN]

[MAE JASON'N YMUNO AC MAEN NHW'N DECHRE CLAPIO. MAE'N AMLWG BOD HYN YN CYNHYRFU BILI GAN EI FOD YN RHOI EI DDWYLO DROS EI GLUSTIAU. MAE'R LLAFARGANU'N

ACT 1

CYNYDDU AC YN CYFLYMU, AC YN TROI'N 'OI, OI, OI, OI . . .'
MAE BILI WEDI CAEL DIGON, AC MAE'N RHEDEG YN GYFLYM
AT SIGLEN, YN NEIDIO ARNI A SEFYLL, AC YN DECHRAU
GWTHIO'N UWCH. RHYS A JASON YN STOPIO AC YN GWYLIO.
CERDDORIAETH YN DECHRAU. MAE'R OEDOLION YN DOD
YMLAEN I GEFN Y LLWYFAN AC YN GWYLIO. MAE BILI AR FIN
BWRW'R BRONCO, OND MAE E'N METHU GOLLWNG GAFAEL.
MAE'N SGATHRU EI DRAED ER MWYN STOPIO'R SIGLEN. MAE'N
CRIO. DYW RHYS A JASON DDIM YN SYLWEDDOLI BOD BILI
WEDI CYNHYRFU GYMAINT, AC MAEN NHW'N CHWERTHIN.]

BILI: [GWEIDDI MEWN DICTER] Olreit! *So*, fi ffaelu bwrw
Bronco. *So what*? Chi'n neud rhai pethe'n well na fi! Sdim
ots! Fi'n hêto *swings* ta beth! Fi'n hêto *swings*, reit? A fi'n
hêto chi 'fyd. Smo fe'n neis wherthin ar ben pobol sy ddim
mor dda â chi. Sticwch eich *swings* stiwpid chi. Sa i byth
yn dod 'nôl! Ma' bytis erill 'da fi. Wy'n mynd i'r armi, am
byth, reit? A sa i byth yn dod 'nôl!

[MAE BILI'N RHEDEG ODDI AR Y LLWYFAN YN EI DDAGRAU A
JASON YN RHEDEG AR EI ÔL. MAE'R OEDOLION YN SYMUD YN
FYGYTHIOL TUAG AT RHYS.]

RHYS: [WRTH Y GYNULLEIDFA] Os mai fi sy'n dweud y stori
'ma . . . Os mai fi sy'n ei siapo hi – fel wedes i gynne –
pam na alla i fynd ar ôl Bili a gweud wrtho fe bo' flin 'da
fi? Pam na alla i weud wrtho fe mai jyst rhywbeth i neud
yw whare ar y *swings*? Gêm yw hi. Pam na alla i stopo'r
stori fan hyn a neud popeth yn iawn? Rhoi stop ar amser.

Pam? Achos taw er 'y mwyn i ma' hwn. Nage er mwyn
Bili, ond er 'y mwyn i. Er mwyn mynd â fi o' 'ma. Er
mwyn 'y ngwella i. Er mwyn stopo fi rhag whilo amdano
fe bob tro wy'n gweld grŵp o blant bach yn whare ar bwys
y *swings*. Shwd o'n i fod i wbod? Y? Shwd o'n i fod i wbod
taw'r nosweth honno, tra bo' fi'n gorwedd yn saff yn 'y
ngwely, bod plentyndod Bili wedi dod i ben? Shwd o'n i
fod i wbod hynny? Ond wy'n gwbod nawr. A weda i hyn
wrthoch chi hefyd . . . smo fe byth am ddod 'nôl.

[CERDDORIAETH, A'R GOLEUADAU'N DIFFODD.]

ACT 2

Bore dydd Sul

[CERDDORIAETH, A'R GOLAU'N CODI AR Y SIGLENNI. MAE UN SIGLEN WEDI'I 'BRONCO-EIDDIO', OND MAE'R GWEDDILL YN HONGIAN YN LLIPA AC YN LLONYDD. YR UNIG WAHANIAETH YW EU BOD WEDI'U HAMGYLCHYNU GAN DÂP *SCENE OF CRIME* YR HEDDLU. MAE'R SIGLENNI'N EDRYCH FEL ARDDANGOSFA MEWN ORIEL GELF. DAW JASON I MEWN, EI DDWYLO'N DDWFN YN EI BOCEDI, AC MAE'N EDRYCH BRAIDD AR GOLL. MAE'N GWNEUD *DOUBLE-TAKE* WRTH WELD Y TÂP, AC YN DWEUD RHYWBETH DAN EI WYNT CYN DECHRAU EI DDATOD. DAW RHYS YMLAEN I'R LLWYFAN.]

JASON: [YN AIL-FYW SIOE DELEDU *MONKEY* WRTH DDOD I MEWN YN CANU CÂN Y SIOE] *Monkey ma-gic, monkey magic... Pigsy... I can hear you. I can smell you...*

RHYS: Be sy'n mynd 'mlan fan hyn?

JASON: Dim cliw. Rhyw *nutters* sy 'di bod yn whare ambytu 'da tâp, siŵr o fod.

RHYS: Falle taw'r heddlu 'nath?

JASON: O ie, a ma' nhw wedi aresto'r *swings*!

[MAEN NHW'N CANU ARWYDDGAN *THE PROFESSIONALS*, YN WAEL.]

RHYS: *Anything you say may be taken down and Broncoed.* Smo Bili 'da ti?

JASON: Nagyw. Pwrs bach. Es i rownd i'w dŷ fe. Ddath neb i'r drws am oesoedd, wedyn 'nath rhyw fenyw ateb – o'dd hi'n llefen.

RHYS: Pam?

JASON: Sa i 'mbo. Falle bod y *Waltons* 'mlan.

RHYS: Welest ti Bili neithiwr wedyn?

JASON: Na, 'nath e ddim troi lan.

RHYS: O'dd ei dad e rownd tŷ ni bore 'ma.

JASON: Pam?

RHYS: Sa i 'mbo. Nath Mam ofyn, ''Da pwy arall ma' Bili'n whare?'

JASON: *No way*! Beto ti bod e wedi rhedeg bant.

RHYS: 'Na beth o'n i'n feddwl. Ti'n meddwl byse fe'n neud hynny?

JASON: Beto bod e wedi mynd achos beth wedon ni.

RHYS: [MEWN PANIG] Reit! Os oes rhywun yn gofyn, nethon ni ddim byd, reit? A'th e gatre, a dyna fe. Paid â gweud dim, hyd yn o'd wrth Aled – na Bianchi – os y'n nhw'n gofyn. Bai ni yw hyn – allen ni fod mewn lot o drwbwl.

JASON: Poera arno fe.

[MAE'R DDAU'N POERI AR GLEDRAU EU DWYLO AC YN YSGWYD LLAW. JASON YN RHOI PEN Y TÂP YN EI GEG, AC YN MWMIAN RHYWBETH ANNEALLADWY.]

RHYS: Beth?

JASON: [YN TYNNU'R TÂP] Wedes i, lapia'r tâp 'ma rownd i fi.
[MAE'N RHOI'R TÂP 'NÔL YN EI GEG]

[RHYS YN CYMRYD Y TÂP AC YN LAPIO JASON YNDDO NES EI FOD E'N EDRYCH FEL MYMI.]

RHYS: Smo fe wedi mynd bant i ymuno â'r fyddin, ody e? Ble fyse fe'n mynd? Ble mae'r lle agosa? Fysen nhw ddim yn 'i adel e mewn, ta beth. O'dd e ffaelu ca'l lle yn y *Cubs*, hyd yn o'd. O'dd e'n rhy fach. Siŵr o fod, pan fydd e'n troi lan yn y fyddin, byddan nhw'n ffono'i rieni fe. Cofia, pan redodd whâr fowr bechingalw bant? Gethon nhw'r heddlu mas a phopeth. O'dd pawb yn meddwl bod hi'n dishgwl, a taw'r athro 'na o'dd y tad. Cofio? Ond droiodd e mas bod hi jyst wedi mynd yn dew. O'n i'n gwbod hynny ta p'un 'ny. A'th hi mor bell â Bryste. Smo Bili'n mynd i gyrredd Bryste, mae e'n rhy fach. O na – ni mewn lot o drwbwl. Fydd yr heddlu moyn gofyn cwestiyne i ni. Fydd Dad yn 'yn lladd i. O na . . .

[YN SYDYN, MAE ALED YN SGRIALU AR Y LLWYFAN FEL PETAI'N ANELU AT Y LLINELL DERFYN FEL AR DDECHRAU ACT 1. MAE'N GADAEL I'R BEIC DDISGYN WRTH NEIDIO ODDI ARNO. MAE E AR BEN EI DDIGON.]

ALED: Ieeeeeeees!!!!! Yî-ha! Wy 'di neud e. Wy 'di neud e! *Epic*!

[MAE'N NEIDIO AR Y SIGLEN AC ODDI ARNI GAN BERFFORMIO DAWNS FACH ORFOLEDDUS.]

ALED: Wy 'di neud e. Tair munud pum deg chwech eiliad. O'dd e fel breuddwyd – dim ceir, dim hen fenywod stiwpid, a'r goleuade i gyd yn wyrdd yr holl ffordd. Wy'n teimlo bo' fi yn y nefoedd, bois. Wel, gwedwch rywbeth.

RHYS: Llongyfarchiade . . .

ALED: Wy'n gwbod. Rhosa i fi weud wrtho Bianchi. Fydda i'n ca'l aros mas yn hwyrach nawr.

RHYS: Tri deg saith eiliad yn hwyrach.

ALED: Ma' pob tipyn yn help.

RHYS: Wyt ti wedi sylwi bod rhywbeth yn wahanol?

ALED: Beth?

RHYS: Shgwla.

ALED: O, ie . . . ma' Jason wedi gwisgo lan fel mymi.

RHYS: Smo Bili 'ma.

JASON: Wow nawr . . . O'n i'n meddwl nago'n ni'n mynd i sôn am hynna.

RHYS: Na . . . [YN SIBRWD] Allen ni sôn amdano fe, ond allen ni ddim gweud gair ambytu ti, fi a Bili. Reit?

ALED: Beth?

RHYS: Dim byd.

ALED: *So*? Beth yw'r *big deal*? Smo Bili 'ma – *so what*?

RHYS: Ni'n meddwl bod e wedi rhedeg bant. O'dd y fenyw 'ma'n llefen, a ddath ei dad e rownd i tŷ fi bore 'ma.

ALED: *So*? Smo hwnna'n meddwl dim. Fydd e 'ma nawr. Pam bod e wedi'i lapio yn y stwff 'na?

RHYS: O'dd e rownd y *swings*.

JASON: Fi'n mynd i neidio bant o'r bancyn.

[JASON YN HERCIAN ODDI AR Y LLWYFAN. ALED YN DILYN.]

ALED: Wy'n dod hefyd.

JASON: Na! Ti'n mynd i wthio fi bant.

ALED: *So*? Ti'n mynd i neidio ta beth!

JASON: Ie – ond smo hwnna'r un peth.

[Y DDAU'N GADAEL.]

RHYS: [YN SIARAD GYDA'R GYNULLEIDFA] Roedd y ffaith bod Bili wedi mynd yn stori fawr. Ac mae'n rhaid i fi gyfadde, o'n i damed bach yn genfigennus. Yn genfigennus o Bili? Wel . . . o'n i'n genfigennus bob tro oedd e'n cael stŵr wrth ei fam a'i dad. Tra o'n i'n cael gwers foesol a dos o euogrwydd, roedd e'n cael dysgu llwyth o regfeydd newydd fydde'n codi'i statws e gyda'r bois. Unwaith, 'nath Bili a fi ddwgyd y twls hyn mas o'r tractor 'ma oedd wedi dod i dorri'r glaswellt. Nagon ni'n mynd i werthu nhw na dim byd fel 'na – o'n i jyst moyn eu defnyddio nhw i dynnu'r cefn bant o hen set deledu er mwyn gallu dringo mewn iddi hi. Gethon ni stŵr enfawr y noson 'ny. Nath tad Bili regi ato fe, a gas e gwpwl o wads hefyd. Tybed os yw ei dad e'n dal i gofio hynny?

[DAW BIANCHI YR OEDOLYN I MEWN, GAN YMDDWYN A SIARAD FEL Y BIANCHI IFANC. MAE'N EISTEDD AR Y SIGLEN AC YN RHOI EI BEN YN EI DDWYLO. MAE'R ACTORION YN EI GYFARCH FEL Y BIANCHI IFANC.]

RHYS: Olreit? [DIM ATEB] Bianchi? Beth sy'n bod?

BIANCHI: Dim.

RHYS: [YN EISTEDD AR Y SIGLEN NESA ATO] Gesa beth?

BIANCHI: Beth?

RHYS: Ma' Bili wedi rhedeg bant.

[BIANCHI'N EBYCHU MEWN SIOC.]

RHYS: *Amazin*' nagyw e? Mae e wedi mynd yr holl ffordd lan i Brecon, at y fyddin, achos bod ei dad e wedi gweiddi arno fe.

BIANCHI: [YN AWYDDUS] Ody fe? Shwd wyt ti'n gwbod? Ti'n siŵr ambytu 'na?

RHYS: Wel, o'dd rhyw fenyw'n llefen pan a'th Jason rownd, a dath ei dad e rownd i tŷ ni gynne fach.

BIANCHI: *So*? Beth am yr holl stwff 'na am yr armi?

RHYS: Mae'n amlwg, nagyw e? Ac o'dd 'na dâp o gwmpas y *swings* bore 'ma. Ni'n credu falle taw'r heddlu 'nath.

BIANCHI: Nage'r heddlu 'nath, achos o'dd Bobi Bacon rownd tŷ ni drw'r bore, a fe yw'r unig heddlu sda ni rownd ffor' hyn.

RHYS: Pam o'dd e yn tŷ dy fam?

BIANCHI: Do'dd e ddim. O'dd e yn tŷ 'yn dad iawn i. Dyna lle fi 'di bod yn sefyll.

RHYS: Pryd ddath dy dad iawn di 'nôl te?

BIANCHI: Wthnos dwetha. [MAE BIANCHI'N CLYMU SIGLEN O GWMPAS Y POLYN]

[SAIB WRTH I RHYS DRIO GWEITHIO PETHAU ALLAN YN EI BEN. DYDY BIANCHI DDIM YN SIGLO.]

RHYS: Pam o'dd Bobby Bacon rownd yn nhŷ dy dad iawn di 'te?

BIANCHI: Shwd odw i fod i wbod? Credu bod e'n helpu fe 'da un o'i *cases* e 'to.

[MAE BIANCHI'N RHWYMO'R SIGLEN O GWMPAS Y POLYN UNWAITH YN RHAGOR.]

RHYS: Waw. Nagon i'n meddwl bod ti'n ca'l aros yn lle dy dad.

[BIANCHI YN CODI'I YSGWYDDAU'N DDI-HID.]

MA' BILI'N BWRW'R BRONCO

RHYS: *So*, beth ti'n feddwl ambytu Bili 'te?

BIANCHI: [YN GRAC] Sdim ots gyda fi ambytu'r *dick* bach 'na! Pam o'dd e lan ar bwys y *swings* 'ma ta beth? Smo fe'n gallu bwrw Bronco. A byse fe byth yn gallu neud hyn . . .

[BIANCHI'N SAETHU'R SIGLEN I FYNY AC YN CYFLAWNI BRONCO GYDA'R FATH RYM NES EI FOD BRON Â THORRI'R SIGLEN.]

BIANCHI: Licen i weld e'n trial neud hynny. Smo fe wedi neud unrhyw beth mor berffeth â hynny yn ei fywyd.

RHYS: Be sy'n bod arnat ti?

[DAW ALED A JASON I'R LLWYFAN – MAE JASON HERCIO'N GLOFF.]

JASON: Wthiodd e fi reit lawr y bancyn. Es i 'Aaaaaaaaaa!'

ALED: Olreit Bianchi? Nes i ddim gwthio fe – nath e neidio.

JASON: Ie – ond o'n i mynd i neidio bant ar y gwair nage ar y cerrig!

ALED: Beth yw'r gwahanieth?

JASON: *Get lost* 'nei di.

ALED: Jyst achos bod dy ffrind bach di wedi mynd . . .

JASON: Cau hi, reit!

ALED: Synnen i ddim bod e wedi rhedeg bant achos bo' ti'n wado fe o hyd.

ACT 2

JASON: Bydda i'n wado ti mewn munud.

RHYS: Gad hi Aled, 'nei di? Sda hyn ddim byd i neud 'da Jason.

ALED: Synnu bod e ddim wedi mynd cyn heddi. Taset ti'n pigo arna i fel 'na, fydden i wedi symud i America ers oesoedd.

JASON: O'n i ddim yn pigo arno fe! Gêm o'dd hi, reit? Smo ti'n gwbod am beth ti'n siarad. Bili yw'n ffrind gore i.

ALED: Dy ffrind gore di, ife? Wedodd e *so-long* wrthot ti cyn rhedeg bant? Naddo. Os taw dyna beth yw ffrind gore, sa i moyn un.

JASON: Lwcus 'te, achos smo ti byth mynd i gael un. 'Na pam bod ti draw fan hyn bob haf – sdim ffrindie dy hunan 'da ti.

ALED: [YN GWEIDDI] Pwy wedodd 'na?

JASON: Rhys.

[ALED YN TROI I WYNEBU RHYS. MAE WEDI CAEL EI SIOMI'N FAWR YNDDO FE, AC YN TEIMLO BOD RHYS WEDI EI FRADYCHU.]

ALED: Wel . . . smo ti'n lico bo' fi'n dod 'ma?

JASON: Gwed wrtho fe.

RHYS: Nage . . . nage bo' fi ddim yn lico . . . jyst bod ni'n hala drw'r dydd, bob dydd 'da'n gilydd . . . ni'n joio, a pethach . . . ond . . .

61

ALED: Iawn. 'Na fe. Sdim ots. 'Na' i ddim boddran gyda ti rhagor. Ffona i Dad i ddod i 'nôl fi fory.

JASON: *So-long* 'te.

ALED: [WRTH JASON] Wy'n casáu ti.

JASON: Ie, wel, wy'n casáu ti *ten times* mwy.

ALED: Bianchi? Bianchi? Wyt ti'n casáu fi 'fyd?

RHYS: Sneb yn dy gasáu di, Aled.

JASON: Wow, dal sownd. Fi newydd weud bo' fi. Fi'n casáu e.

ALED: Bianchi?

BIANCHI: [YN GRAC] Beth?

ALED: Wyt ti'n casáu fi?

BIANCHI: Sdim ots 'da fi. *Who cares?* Sneb yn becso beth wy'n feddwl, ta beth. Ma' nhw i gyd fel 'na: 'O, paid â beio dy hunan.' Ond sa i yn. Sdim ots 'da fi. Wy'n casáu pawb. Sneb yn mynd i ga'l fi, wy'n gweud wrthoch chi.

ALED: Fi hefyd. Fi'n casáu pawb.

[ALED YN MYND I NÔL EI FEIC AC YN CERDDED I FFWRDD. YNA, MAE BIANCHI YN RHEDEG ODDI AR Y LLWYFAN.]

RHYS: Bianchi? Beth sy'n bod arno fe heddi? Mae e wedi mynd yn rhyfedd. Aled, aros! Paid â mynd. Fi'n sori. Fi'n sori.

ALED: Ti'n rili casáu fi?

RHYS: Nagw. Wedes i ddim 'na.

JASON: 'Nes i.

ALED: Sdim ots ambytu ti.

RHYS: Smo Jason yn ei feddwl e chwaith.

ALED: Profa fe!

RHYS: Shwd alla i brofi fe? Jyst derbyn bo' fi'n sori.

ALED: Profa fe.

RHYS: Olreit. Weda i gyfrinach wrthot ti.

JASON: Beth? Paid gweud wrtho fe, Rhys. Neith e grasso.

ALED: Pam? Be chi 'di neud?

JASON: Dim.

ALED: [YN LLAWN DIDDORDEB NAWR] Be sy'n bod?

RHYS: Ti'n gorffod addo pido gweud wrtho neb.

ALED: Sa i'n addo nes bo fi'n gwbod beth yw e.

JASON: Ti'n gweld? Paid â gweud wrtho fe, Rhys.

RHYS: Os wy'n gweud, ti'n gorffod aros fan hyn ac anghofio bod ni wedi gweud bod ni'n casáu ti, iawn?

JASON: Ma' hyn yn *mental*!

ALED: Olreit 'te. Gwed.

RHYS: Ni 'nath.

ALED: Beth?

RHYS: Bili. Rhedodd e bant achos beth wedon ni wrtho fe.

ALED: Shwd? Pryd?

RHYS: Nithwr. O'n ni'n wherthin am ei ben e achos bod e'n ffaelu bwrw Bronco, a nath e ffrîco mas a gweud bod e'n mynd bant i joino'r armi. 'Na pam smo fe 'ma.

ALED: Ooooooooaaaa. Chi'n *dead* . . .

RHYS: Wy'n gwbod. Wy'n casáu teimlo fel hyn.

JASON: Sa i wedi neud dim byd.

RHYS: Wyt!

JASON: Nagw!

RHYS: Jason!

ALED: Rhaid i ti weud wrth ei dad e.

RHYS: [MAE BRON Â CHRIO] Pam?

ALED: Achos . . . Meddylia ambytu'r peth. Ma'i fam a'i dad e'n becso'n ofnadw. Os yw e wedi mynd i joino'r armi, fydd e rhywle rhwng fan hyn a Brecon, a bydd yr heddlu'n gallu ffindo fe. Tase rhywbeth yn digwydd iddo fe ar y ffordd, fasech chi byth yn gallu anghofio'r peth.

JASON: Beth sy'n mynd i ddigwydd iddo fe?

ALED: Sa i'n gwbod, ond smo Bili'n gallu mynd ar y *swings* heb dorri asgwrn – heb sôn am gerdded yr holl ffordd i Brecon.

RHYS: Jason. Wy'n mynd draw i dŷ Bili.

JASON: [YN MEDDWL AM BETH AMSER] Fi'n dod gyda ti, ond sa i'n mynd i weud dim byd.

RHYS: 'Naf i weud. Falle dylen i weud wrth 'y nhad yn gynta?

ALED: Na! Jyst cer, fyddi di ddim mewn trwbwl. Ddo' i hefyd.

JASON: Rhys, ma' dy fam di'n galw.

RHYS: [YN SGRECHIAN AR EI FAM SYDD ODDI AR Y LLWYFAN] Beth!!!!??

ALED: Fi ma' hi moyn. Pam bod hi moyn gweld fi?

RHYS: Sa i'n gwbod. Ti moyn i ni edrych ar ôl dy feic di?

ALED: *No way.*

[MAE ALED YN GADAEL GAN WTHIO'I FEIC.]

RHYS: Ti'n dod?

JASON: Odw.

[JASON YN GADAEL DAN GWMWL. RHYS YN SIARAD GYDA'R GYNULLEIDFA.]

RHYS: Wi'n cofio'n glir beth ddigwyddodd nesa. Fe gerddon ni gydag Aled, lawr i tŷ fi. Gloiodd e'r beic wrth y ffens yn yr ardd ffrynt, ac a'th e mewn. Wedyn fe gerddodd Jason a fi yn araf, araf iawn draw i dŷ Bili. Roedd 'da fi'r lwmpyn o ofan 'ma yn 'y mola – yr un ti ond yn teimlo pan ma' dy fòs di'n gweiddi arnat ti – a ti'n gwbod bo' ti ar fai. Euogrwydd ma' nhw'n galw fe, wy'n credu. O'n i'n arfer teimlo fe lot pan o'n i'n fach, ond doedd e byth mor ddrwg â hyn. Ethon ni rownd y ffordd gefen i dŷ Bili, mewn trw' gât y bac, a lan trw'r ardd. Roedd y lle'n llawn go-carts a teiars hanner fflat. Gures i ar y drws. Roedd Jason jyst moyn cerdded mewn – fel arfer – ond o'n i'n credu bo angen 'bach o barch ar adeg fel hyn. Roedd gas 'da fi fod yna, ac o'n i ar fin rhedeg bant pan agorodd y drws. Wy'n gachgi yn y bôn, chwel'. Wy'n neud 'y ngore, ac wy'n trial bod yn ddewr, ond cachgi ydw i. Rhyw fenyw atebodd. O'n i rio'd wedi'i gweld hi o'r blan. Dechreues i lefen. Wedodd Jason yn syth, 'Bai ni yw e bod Bili wedi rhedeg bant i Brecon!' A phan edryches i lan, oedd y fenyw'n llefen hefyd. Gafaelodd hi'n dynn yn 'yn llaw i a mynd â'r ddou ohonon ni mewn i'r pasej. Peth nesa, anghofiodd hi bob dim amdanon ni, ac a'th hi bant i'r gegin. Roedd y tŷ'n llawn – pobol bobman – ond oedd hi mor dawel yno. Ambell sgwrs yn ca'l ei sibrwd fan hyn a fan 'co. Nagon ni'n gwbod beth i neud. A'th Jason lan sta'r ac es i mewn i'r stafell fyw. Roedd e fel bod neb yn 'y ngweld i. Drychodd neb arna i . . . na, smo hynna'n wir. Drychon nhw arna i am ryw hanner eiliad cyn edrych bant 'to. O'n nhw'n gweld rhywbeth arall. Roedd y stafell fyw yn ddistaw, ar wahân i dad Bili. Roedd e'n pwyso 'mlan yn ei gader, a'i ben yn ei ddwylo – dwylo mawr, gydag ôl blynyddoedd o waith caled arnyn nhw. Ac wy'n cofio meddwl bod 'na gymaint o ddagre'n llifo trwy'i fysedd e, rhaid bod ei wyneb cyfan wedi troi'n ddŵr.

[RHYS YN CERDDED DRAW AT Y SIGLEN, YN DRINGO ARNI, AC YN SIGLO'N UWCH CYN BWRW BRONCO. MAE'R GOLEUADAU'N DIFFODD YN RADDOL.]

Prynhawn dydd Sul

[GOLEUADAU I FYNY. MAE RHYS YN EISTEDD AR Y SIGLEN. MAE'R SIGLEN YN LLONYDD A DAW ALED YR OEDOLYN I MEWN. FEL GYDA BIANCHI, MAE ALED YN YMDDWYN FEL PLENTYN, ER NAD PLENTYN YW E. MAE'N EISTEDD YN DAWEL AR Y SIGLEN NESAF AT RHYS.]

RHYS: Beth o'dd Mam moyn?

ALED: Wedodd hi rywbeth wrtha ac y dylen i weud wrthot ti.

RHYS: Pam na fyse hi'n gweud wrtha i 'yn hunan?

ALED: Jyst achos, ontefe. Fi'n hŷn na ti.

RHYS: Ti 'di bod yn llefen?

ALED: [BRON Â CHRIO NAWR] Nagw.

RHYS: Ma' Bili wedi marw, nagyw e?

ALED: Shwd wyt ti'n gwbod?

RHYS: Taset ti'n gweld shwd le o'dd yn ei dŷ e. Mae ei dad e'n llefen.

ALED: Ma' dy fam wedi bod yn llefen hefyd. Ma' dy dad gatre. O'dd e moyn i ti fynd 'nôl 'na pan ti'n barod.

RHYS: Barod i beth? Ti'n gwbod be ddigwyddodd?

ALED: Nag 'dw. Ma' nhw wedi dala'r dyn 'nath.

RHYS: Rhyw ddyn 'nath? Ei ladd e?

ALED: Wedodd dy fam bydd yr heddlu moyn gofyn cwestiyne i ni. Wedodd hi bod rhaid i ni drial cofio os welon ni rywun yn loetran ambytu'r lle.

RHYS: Beth? Ar bwys y *swings*?

ALED: Ie.

RHYS: Ond . . . ife fan hyn ddigwyddodd e? Shwd all e fod fan hyn?

ALED: Shwd all e bido bod fan hyn?

RHYS: Ond o'n ni fan hyn drw'r dydd 'da fe ddoe. Reit lan at y diwedd pan redodd e bant . . . Ddath e 'nôl, ma'n rhaid, i fan hyn . . . Rhaid bod e wedi dod 'nôl fan hyn . . . i ymarfer. Betia i o'dd e moyn dysgu shwd i fwrw Bronco.

ALED: Sneb yn gwbod hynny.

RHYS: Wy'n gwbod hynny. Wy'n gwbod. 'Y mai i o'dd e.

ALED: Nage dy fai di o'dd e, Rhys. Bai y dyn o'dd e. Y dyn 'nath. Neb arall. Nage Bili, nage fi a nage ti. Ond y dyn.

RHYS: Odyn nhw'n gwbod shwd gas e ei ladd? Falle taw cwmpo nath e neu rywbeth.

ALED: Sa i'n gwbod. Ond wedodd dy fam bod nhw wedi ffindo'r dyn, wedyn sdim ishe ni fecso. Wedodd hi bod Bili yn y nefoedd.

RHYS: Wyt ti'n meddwl gafodd Bili ddolur pan o'dd e'n marw? Os taw dyn 'nath e, pam fyse fe ddim wedi lladd dyn arall?

Nage bachgen bach fel Bili. Smo hwnna'n deg. Dyw e jyst ddim yn deg. O'dd e mor fach.

ALED: Ma' Dad yn dod draw. O'dd dy dad di wedi ffono. Fydda i'n gorffod mynd, siŵr o fod.

RHYS: Wi'n teimlo'n rhyfedd. Fel tasen i ddim yn gallu teimlo dim byd bron.

ALED: 'Nes i lefen am sbel, wedyn, stopo.

RHYS: Ti'n credu bod Jason yn gwbod?

ALED: Ble ma' fe?

RHYS: Yn tŷ Bili.

ALED: Fydd e'n casáu'r cyfan.

RHYS: Beth y'n ni fod i neud nawr?

ALED: Bydd raid i fi fynd i Ystrad i nôl tei du. O's un 'da ti?

RHYS: Nagos. Ma' un 'da Dad, falle.

ALED: Fydd e angen hwnna'i hunan.

RHYS: Bydd . . . siŵr o fod. Beth y'n ni'n mynd i neud nawr? Ddylen ni fod yn llefen neu rywbeth?

ALED: Wy'n mynd i aros nes bo' fi 'nôl yn tŷ Mam-gu cyn llefen. Ti'n meddwl bod hi'n gwbod? Nagodd hi erio'd wedi cwrdd â Bili. Meddylia am y peth. Meddylia am yr holl bobol 'na o'dd erio'd wedi cwrdd ag e, yr holl bobol 'na fyse fe wedi cwrdd â nhw, yr holl bethe fyse fe wedi neud. O'dd Bili ddim hyd yn o'd wedi bwrw Bronco 'da'r *swing*.

RHYS: Falle 'nath e. Falle taw 'na'r peth ola nath e. Gobeithio
'ny. [GAN GODI ODDI AR Y SIGLEN A SIARAD GYDA'R
GYNULLEIDFA] Ma' galar yn beth rhyfedd iawn. Es i
drwy ryw gyfnod gwag – rhyw ddiffeithwch di-emosiwn
barodd am wythnose. Roedd e fel tasen i'n gwylio'r byd o'r
tu ôl i ddrych. Roedd lliwie'n fwy llachar, rhywsut; fel cael
set deledu newydd – yr un hen raglenni, jyst bod y llun
gyment yn well. Wedyn, sbel hir ar ôl 'ny, es i'n wallgo. Jyst
fel 'na. O'n i ddim yn meddwl ambytu Bili na dim, jyst . . .
graces i lan. Wedodd pawb: 'Druan â fe, mae e wedi bod
drwy shwd gyment.' Ond, o'n i ddim yn gweld unrhyw
gysylltiad. O'n i bant o'r ysgol am sbel. Mis cyfan heb
siarad 'da neb heblaw Mam a Dad. Od. Ond ma' amser
yn gwella pob dim, fel ma' nhw'n gweud. Weithie, fydden
i wrthi'n neud rhywbeth, a fydde 'na lais yn 'y mhen i'n
gweud, 'Hei, ti'n cofio pan gafodd y Bili 'na ei ladd?' Ond
mae'r llais yn pylu'n raddol, ac yna'n diflannu. Yn y dyddie
cynnar, jyst ar ôl iddo fe ddigwydd, oedd e'n gyffrous.
Mae'n swno'n ofnadw, ond roedd bywyd mor wahanol.
Newidiodd popeth. Roedd 'na heddlu ymhobman, pobol
y papure newydd, camerâu teledu, llwyth o bobol yn
gofyn pob math o gwestiyne. Roedd ei arch e mor fach.
Doniol . . . jyst â bod. Ddaeth Aled ddim 'nôl yn y gwylie
ar ôl 'ny. Siaradon ni ddim am tua wyth mlynedd, nes i
ni ddigwydd cwrdd mewn tafarn yng Nghaerdydd. Aeth
Jason yn galed i gyd, yn chwerw. Ma' clatsho yn 'i waed e.
A ma' fe'n fachan caled byth ers hynny.

[DAW JASON YR OEDOLYN I'R LLWYFAN. FEL GYDA'R LLEILL,

MAE'N CHWARAE RHAN BACHGEN NAW MLWYDD OED.
OND MAE E LOT YN GALETACH ERBYN HYN. MAE EI OSGO'N
CUDDIO'R CYFAN.]

JASON: Be sy'n bod arnoch chi?

RHYS: Smo ti 'di clywed?

JASON: Am Bili? Odw. *So*?

RHYS: *So*? Be ti'n feddwl, 'so'?

JASON: Ma' nhw i gyd yn mynd yn *nuts*. Yn 'i dŷ fe. Ma' pawb yn marw rhywbryd. O'dd e'n hongian ambytu'r *swings* 'ma drw'r nos, beth o'dd e'n dishgwl?

RHYS: Ca' dy ben.

JASON: Fi'n gwbod bod e'n drist, reit? Ond ni'n well *off* yn anghofio'r peth. Nage ti yw 'i frawd e. Olreit, llefa os ti'n perthyn, ond ddim os o't ti jyst yn hongian ambytu gydag e.

RHYS: Ca' dy ben, 'nei di? Tasen ni ddim wedi gweud y pethe wedon ni ddoe, fyse fe ddim wedi dod 'nôl 'ma, a byse fe'n dal 'ma nawr.

JASON: Bydden ni'n dal i wherthin am ei ben e. Jyst achos bod e wedi . . . jyst achos nagyw e 'ma nawr – ma' pawb yn gweud, 'O'dd Bili'n grêt. O'n i'n *best mates* 'da fe.' Ond do'n nhw ddim. Smo fi'n mynd i'r angladd.

RHYS: Wyt.

JASON: Na.

RHYS: Ti'n gorffod!

JASON: Pam? Smo fi'n gorffod neud dim byd.

ALED: Gad e i fod. All e neud fel ma' fe moyn.

RHYS: Y?

ALED: Gall. Pwy wedodd wrthot ti 'te, Jês?

JASON: O'n i'n dod lawr sta'r yn y fflats glywes i'r menywod hyn siarad yn y lobi.

ALED: [YN BETRUS] Beth o'n nhw'n gweud?

JASON: Beth ti'n feddwl? O'n nhw'n gosipan hefyd, ac yn joio. Acto bod yn drist, ond ti'n gallu gweud bod nhw ddim. Dyma'r peth mwya *exciting* sy erio'd wedi digwydd iddyn nhw. O'n nhw ddim yn nabod Bili hyd yn o'd, ond dyna lle ro'n nhw . . . rownd ei dŷ e'n streit ar ôl clywed er mwyn joino mewn 'da'r llefen gyda phawb arall. Fi'n casáu pobol. Ond sa i'n mynd i neud e. Sa i mynd i joino mewn gyda nhw achos smo fe'n rial.

ALED: Beth o'n nhw'n gweud?

JASON: Sdim ots, o's e? Smo fe'n wir *anyway*, siŵr o fod. O'n nhw'n gweud eu bod nhw wedi ffindo fe lawr ar bwys Nant Las.

RHYS: [YN ARSWYDO] Na . . .

JASON: A pan nethon nhw eu ffindo fe, wedon nhw o'dd y boi wedi tynnu'i bants e lawr.

[CHWERTHINIAD BACH ANFWRIADOL GAN RHYS. MAE'N GWYBOD NA DDYLAI WNEUD, OND ALL E DDIM Â PHEIDIO.

TAWELWCH. MAEN NHW'N HANNER DEALL OBLYGIADAU'R
WYBODAETH HON.]

RHYS: Rhaid ti fynd i'r angladd. Ti'n gorffod.

JASON: Pam? Pwy sy'n mynd i neud i fi? [WRTH RHYS] Ti?
[WRTH ALED] Ti? [WRTH RHYS ETO, GAN WNEUD EI ORAU
I GADW'R DAGRAU RHAG LLIFO, OND YN CADW'N HOLLOL
LONYDD] Chi moyn ffeit am y peth? C'mon. Sdim ots
'da fi! 'NA I FFEITO CHI!

[DAW BIANCHI'R OEDOLYN I'R LLWYFAN AC MAE RHYS
YN EDRYCH ARNO AM GYMORTH. MAE JASON YN DILYN
EDRYCHIAD RHYS AC YN EDRYCH AR BIANCHI, SYDD WEDI
CAEL OFN.]

JASON: Beth ti moyn?

BIANCHI: O'n i moyn *go* ar y *swing* cyn mynd.

ALED: Mynd? Mynd i ble?

BIANCHI: Ma' Mam a fi'n mynd i Loegr am sbel. Ni'n mynd i
aros 'da Anti Marleen.

RHYS: Ti'n ffaelu mynd nawr! Smo ti'n gwbod be sy 'di
digwydd?

BIANCHI: [YN SWIL AC YN DRIST] O'n i jyst moyn go ar y
swings 'na 'i gyd. O'n i moyn gweld os o'n i'n dal gallu
bwrw Bronco.

JASON: Sneb yn ca'l mynd ar y *swings* 'ma.

ALED: Beth?

JASON: *You 'eard*. Sneb yn ca'l mynd ar y *swings*. Mae'r *swings* 'ma wedi cwpla. Wedi gorffen. Sneb yn ca'l bwrw Broncos byth 'to.

BIANCHI: Wy'n gorffod.

RHYS: Ti ffaelu stopo pobol rhag mynd ar y *swings*. Nage ti sy bia nhw.

JASON: Ti moyn gweld fi?

[JASON YN MALU'R SIGLENNI'N RHACS.]

JASON: Twel'? Fi 'di whalu nhw. Mor rhwydd â hynny. Licen i weld ti'n trio bwrw Bronco nawr.

BIANCHI: Nage fi 'nath.

JASON: *So?*

BIANCHI: Ma' pawb yn anghofio taw dim ond naw oed ydw i. Pawb yn meddwl bo' fi'n hen. Smo fi yn hen. Fi'n naw. Smo fe'n deg.

JASON: *So?*

BIANCHI: Sa i'n gwbod pryd ddo' i'n 'nôl. Wela i chi.

RHYS: Wela i di, Bianchi.

ALED: Fydda i bant pan ti'n dod 'nôl siŵr o fod.

BIANCHI: Wela i chi, bois.

ACT 2

[BIANCHI'N SYLLU AR Y SIGLENNI UNWAITH ETO CYN GADAEL Y LLWYFAN.]

RHYS: [WRTH JASON] Sori.

JASON: Jyst gad fi fod. Sdim ots 'da fi am y *swings* stiwpid 'ma. Sdim ots 'da fi . . . A paid â galw amdana i, reit? Achos SMO FI'N DOD MAS!

[JASON YN RHEDEG I FFWRDD.]

ALED: Bydd dy fam moyn ni gatre.

RHYS: Bydd.

ALED: Ti'n dod?

RHYS: Odw.

ALED: Ofnadw, nagyw e? Licen i tase Duw yn bod.

RHYS: Fi hefyd. Pam ti'n meddwl nath y boi dynnu . . . ?

ALED: Beth?

RHYS: Sa i 'mbo. Fi moyn Mam.

ALED: Fi moyn Mam 'fyd. Wy'n teimlo'n fach. Dere.

[ALED YN CYFFWRDD Â SIGLEN CYN GADAEL Y LLWYFAN.]

RHYS: Chi'n gwbod pan chi'n gwylio'r newyddion, ac ma' 'na stori'n dod 'mlan am blentyn sy wedi cael ei gipio – llun ysgol, gwên fach – a'r dyn neu'r fenyw sy'n darllen y newyddion yn ffaelu credu bod nhw'n gorffod gweud yr un hen eiriau unwaith eto . . . 'Was last seen alive . . .'. Chi'n gwbod pan chi'n gwylio hynny, a chi'n gweud wrthoch chi'ch hunan, 'Wy'n ffaelu dychmygu shwd mae'r rhieni'n teimlo', chi'n credu taw celwydd yw beth chi'n weud? Wy yn. Achos pan wy'n cau'n llygaid, am yr eiliad fach honno yn ystod y newyddion amser te, pan wy'n cau'n llygaid, wy'n gweud wrtha i'n hunan, 'ddim eto', achos wy'n gwbod yn gwmws shwd ma'r rhieni'n teimlo. A nage dim ond shwd ma'r rhieni'n teimlo, achos y gwir yw, allwn ni ddychmygu shwd oedd y plentyn yn teimlo hefyd. Ac, os allwn ni ddychmygu hynny . . . Ond dy'n ni ddim. Sdim ffordd i roi stop ar y dychymyg, ond fe allwn ni ei sensro fe. Ei gau e mas a mynnu'i fod e'n aros yn fud. Gwthio pethe lawr mor bell fel bod nhw ond yn gallu dianc weithie. Oni bai bod ni'n gwneud hynny, shwd allen ni gysgu? Shwd allen ni fyw? Mae'n anodd deffro'r byd 'ma weithie. Ry'n ni wedi arfer gwthio pethe lawr yn ddwfn mor amal, fel bod pob creulondeb newydd yn cael ei hala lawr 'na hefyd. Cam-drin plant? Glywes i . . . ofnadw, ond lawr â ti. Treisio? Ddim eto . . . lawr â ti – lawr, lawr, lawr. Mae'n ddynol, yn naturiol, mae'n rhan ohonon ni. Mae'n rhaid claddu pethe fel 'na neu fydden nhw gyda ni bob awr o'r dydd, reit yn ffrynt ein meddylie, ac mi fydde peidio byw yn haws. Fel gyda hon – y stori 'ma. Allwn ni wthio hon lawr i'r gwaelod hefyd? Dynnodd y dyn 'na Bili oddi ar y *swings*, gwthio'i wyneb yn galed yn erbyn y sgrin, a'i orfodi fe i brofi dynoliaeth ar ei waetha . . . cyn ei ladd e. Ody hi'n bosib cario 'mlan ar ôl hynny? Allwn ni?

ACT 2

Odi. Odi, ma' 'ddi. Roedd e ... Gymerodd e lot o amser, a fel gyda Bili ar y *swings*, mae'n rhaid dala 'mlan gydag un llaw i ddechre, ond yn y diwedd ry'n ni'n dewis neidio – er gwaetha popeth. Wy wedi'i throi hi'n stori, er mwyn neud pethe'n well. Ambell i ddiwrnod, sa i hyd yn o'd yn meddwl amdano fe. Bili bach ...

[MAE BILI HAPUS YN RHEDEG I'R LLWYFAN AC YN DATGLYMU UN O'R SIGLENNI. MAE'N DRINGO ARNI, YN SEFYLL AC YN EI GWTHIO HI'N UWCH AC YN UWCH.]

RHYS: Wy'n 'i deall hi nawr. Ma' system 'da fi ar gyfer byw. Pan ddaw'r newyddion 'mlan, wy'n cau'n llygaid, ac mae gen i lun yn 'y mhen o'r plentyn mwya hapus, mwya prydferth, mwya rhydd ... mwya gwerthfawr yn y byd. Ac yna, yn yr eiliad honno... mae Bili'n bwrw'r Bronco ...

[A DYNA MAE BILI'N EI WNEUD. MAE'R SIGLEN YN HEDFAN YN UCHEL DROS Y BAR TRA BOD BILI'N SAETHU DRWY'R AWYR. MAE'R GOLAU'N DIFFODD TRA MAE E'N DAL I HEDFAN DRWY'R AWYR.]

Y DIWEDD

Ar gael hefyd:

Anne Frank
Trysor
Y Nyth
Ar Goll
Gêm o Ddau Hanner